浙江体育特色小镇建设的理论与实践探索

孙　嵬　王伊蕾　董　庆◎著

中国原子能出版社
China Atomic Energy Press

图书在版编目（CIP）数据

浙江体育特色小镇建设的理论与实践探索 / 孙鬼，王伊蕾，董庆著. --北京：中国原子能出版社，2023.10

ISBN 978-7-5221-2953-2

Ⅰ. ①浙… Ⅱ. ①孙… ②王… ③董… Ⅲ. ①体育产业–中小城镇–城市建设–研究–浙江 Ⅳ. ①G812 ②F299.275.5

中国国家版本馆 CIP 数据核字（2023）第 168592 号

浙江体育特色小镇建设的理论与实践探索

出版发行	中国原子能出版社（北京市海淀区阜成路 43 号　100048）
责任编辑	张　磊　杨晓宇
责任印制	赵　明
印　　刷	北京天恒嘉业印刷有限公司
经　　销	全国新华书店
开　　本	787 mm×1092 mm　1/16
印　　张	13
字　　数	215 千字
版　　次	2023 年 10 月第 1 版　2023 年 10 月第 1 次印刷
书　　号	ISBN 978-7-5221-2953-2　　定　价　**68.00 元**

网址：**http://www.aep.com.cn**　　E-mail：**atomep123@126.com**

发行电话：**010-68452845**

作者简介

孙 嵬 浙江杭州人。2012年在浙江大学获得体育教育硕士学位。浙江水利水电学院体育与军事教育部副教授。主要研究方向：体育产业、休闲体育。近年来先后主持省部级课题1项，厅级课题5项，在国内外期刊发表10余篇论文。

2020年度教育部人文社会科学研究一般项目青年基金《浙江体育特色小镇创新驱动路径选择与制度调整研究》，项目批准号：20YJC890022。浙江省高等教育学会2022年度高等教育研究课题《浙江体育特色小镇促进共同富裕的机制与路径研究》。

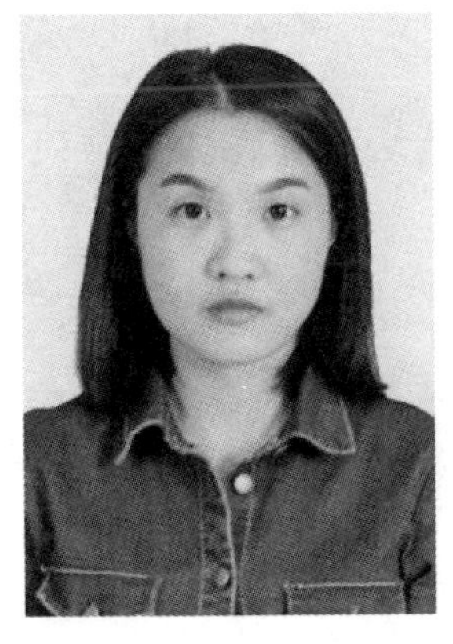

王伊蕾 浙江杭州人。2015年7月毕业于宁波大学，体育教育训练学专业，获得教育学硕士学位。杭州医学院体育部讲师，乒乓球国家级裁判员，二级运动员，浙江省学校体育协会大学乒乓球分会副秘书长，杭州医学院体育部场馆中心副主任，多次担任全国乒乓球和全省乒乓球比赛的裁判员工作，多次获得优秀裁判员称号，现担任乒乓球选项课教学工作，同时担任我校乒乓球校队教练员。带校乒乓球队参加浙江省第十六届大学生运动会乒乓球比赛获得男子团体冠军。曾多次获得各类先进的称号。在 *Computational Intelligence and Neuroscience* 杂志发表文章 *Machine*

Vision-Based Ping Pong Ball Rotation Trajectory Tracking Algorithm 1 篇，在国内期刊发表文章若干篇。

董 庆 浙江杭州人。浙江水利水电学院体育与军事教育部讲师，乒乓球国家一级运动员，曾作为主要成员参与完成厅局级课题 3 项，发表论文 4 篇。

前　言

改革开放以来，我国的国民经济迅速而稳健地发展，居民可支配收入也在稳步提高，目前我国已初步建立起市场经济体制，并在不断完善宏观调控体系；经济增长由原来的粗放型方式转变为集约型，同时第二产业和第三产业也在快速发展。尤其是“十三五”时期，我国体育产业迎来了千载难逢的发展机遇，体育产业规模不断扩大，逐渐成为经济发展的新亮点和推动力量。

我国的体育产业持续呈快速发展态势，发展前景十分广阔，具有很大的发展潜力，对我国的经济发展做出了巨大的贡献，相信其不久之后就能成为我国经济发展的重要支柱。2014 年 10 月由国务院印发的 46 号文件对体育产业的发展现状和发展方向作出指示，并指出了体育产业在国民经济发展中的重要性。目前体育产业处于初步形成阶段，以修身养性、强身健体和表演比赛为主要推动力，以体育设施和体育服饰为骨架，形成了多种体育业态快速发展的态势，包括体育场馆、体育培训、体育中介和体育传媒等多个业态。体育和文化、科技、媒体、健身等各行各业的联系与融合也逐渐加强。通过打造体育特色小镇的方式，我们要对新型的乡村发展模式进行探索，以加快城镇化进程和我国体育产业的发展，适应我国经济发展由高速增长转为高质量发展的阶段变化要求。

2017 年 5 月由国家体育总局办公厅发布的《关于推动运动休闲特色小镇建设工作的通知》指出，要引导体育小镇更好地服务于社会经济发展和全民健康发展，实现生态旅游和体育旅游相结合的创新一体化旅游模式，认真贯彻党中央和国务院关于加强建设特色运动休闲小镇并充分发挥体育在脱贫攻坚事业中的重要力量的指示，促进经济社会和体育产业可持续化快速发展，引导体育小镇充分发挥优势，建设符合当地自然环境和人文水平的体育健身设施，重点发展当地的体育旅游事业，以此为基础加快体育产业的发展。2018 年 8 月由国家发改委提出的《关于建立特色小镇和特色小城镇高质量发展机制的通知》对体育小镇的建设进行了指导和规划，同时也提出了体育小镇的发展过程中的规范管理方法，进一步规范体育特色小镇的建设，对体育特色小镇的建设进行统一指导，加强统筹规划，齐心协力发展体育特色小镇。体育特色小镇是一个集聚各产业优势进行发展的综合体乡镇，它不只是简单地对体育设施和体育活动的拼凑，还是在特色小镇的基础上有组织有计划地利用当地资源吸引周边城市人口的特色乡村小镇，体育特色小镇运用集聚效应吸引人口，以体育旅游为发展特色，重点建设能够吸引周边城市人口的相关体育设施和项目，满足客户需求，吸引人群进行消费，促进当地的产业发展和就业，是区域经济发展的全新推动力和创新载体。体育小镇是一种新型的体育产业发展方向，全国各地都在积极响应国家号召，根据国家相关政策和当地实际环境加快进行地方政策出台，突出当地的特色和发展优势，加快落实体育特色小镇的建设。

本书共分五章。第一章为体育特色小镇概述，分别介绍了特色小镇、体育特色小镇内涵界定、体育特色小镇系统的构成要素、体育特色小镇建设的模式与意义四个方面的内容。第二章为体育特色小镇建设的理论基础，阐述了块状经济理论、产业集聚理论、生产力布局理论、价值网络理论、品牌效应理论。第三章为浙江体育特色小镇建设现状及发展趋势，论述了浙江省体育特色小镇建设实践、浙江省体育特色小镇发展趋势。第四章为国外体育特色小镇建设的经验启示，主要介绍了三个方面的内容，依次是国外体育特色小镇的特征及建设模式、国外经典的体育特色小镇分析、国外体育特色小镇建设的经验及启示。第五章为体育特色小镇提升路径，分别介绍了四个方面的内容，依次是体育特色小镇多维探索与治理逻辑、体育特色小镇的构建原则、体育特色小镇保障体系建构、体育特色小镇建设风险防控。

在撰写本书的过程中，作者得到了许多专家学者的帮助和指导，参考了大量的学术文献，在此表示真诚的感谢！本书内容系统全面，论述条理清晰、深入浅出。

限于作者水平有不足，加之时间仓促，本书难免存在一些疏漏，在此，恳请同行专家和读者朋友批评指正！

作　者

2023 年 1 月

目　录

第一章　体育特色小镇概述

体育特色小镇简称为体育小镇，又称为休闲运动小镇，它是特色小镇中的一个重要组成部分，它是近几年来国家大力促进特色小镇建设以及体育产业发展的背景下所产生的一个新名词，体育特色小镇的建设对于推进城镇改革进程、不断加深、促进经济发展形势创新、加强体育产业与其他产业的融合发展等方面具有十分重要的意义。本章内容为体育特色小镇概述，介绍了特色小镇、体育特色小镇内涵界定、体育特色小镇系统的构成要素、体育特色小镇建设的模式与意义。

第一节　特色小镇

特色小镇是一种融合生产、生活和生态的特色发展方式，具有明确的产业定位和文化特色，是一种集旅游功能和社区特征于一体的空间载体，它独立于城市地区，是一个有着适宜的生态环境、现代化的办公环境、多样的人性化交流平台和全面的公共服务设施的大社区，既有自己的特色，又十分适宜居住工作。

一、特色小镇的概念内涵与功能作用

（一）特色小镇的概念内涵

特色小镇是一种将“产业”“城市”“人口”“文化”四种有机结合的特

殊功能平台，以“创新、协调、绿色、开放、共享”的新发展理念为指导，结合当地产业特质和定位，找出当地的特色文化内涵和生态优势，科学指导和规划，确定适宜的发展定位。特色小镇的概念有以下 4 方面内涵。

1. 产业定位“一镇一业”，突出“特而强”

特色小镇建设的核心内容是产业，所以定位就是“一镇一业”，强调“特而强”。

“特”是指每个特色小镇都要根据当地的已有基础和优势特色来选择要发展建设的产业，可以进行选择的产业包括七大新产业——信息经济、健康、旅游、金融、环保、时尚和高端装备，以及丝绸茶叶、黄酒中药、根雕木雕、青瓷石刻、文房用品、武器锻造等历史经典产业。发展特色小镇要主攻一个产业，做到区别定位、细分方向、错位发展，不能“百镇一面”，失去特色。

“强”指的是要把小镇做大做强，积极引进高校毕业生、名企管理层人员、科技研发人员和海归创业群体，鼓励创业创新，跟随产业升级发展趋势，针对高端产业加大投入，加大行业领头团队和新生成长型企业的引进，每年投入 10 亿～17 亿元，培育行业人才，建设创新型产业高地，加快促进新经济发展。

2. 功能集成“紧贴产业”，力求“聚而合”

特色小镇与工业园区和景区的最大区别就在于特色小镇“紧贴产业”，集产业、文化、旅游和社区四位于一体，融合四大功能，真正做到“聚而合”。

“聚”指的是特色小镇要聚集产业、文化、旅游和社区四大功能，“合”指的是将这四大产业融合发展，紧贴产业。在发展特色小镇时，要认真挖掘，完善功能，不能生搬硬套、堆叠累加、牵强附会，要在产业发展过程中发现旅游、文化和社区功能，在挖掘产业内涵和产业转型升级过程中衍生出旅游和文化功能。

3. 形态打造“突出精致”，展现“小而美”

特色小镇在形态打造上要展现“小而美”，要“突出精致”。在现代社会，美好的事物和舒适的环境都能创造出巨大的生产力，所以特色小镇的建设要注重形态打造。

第一，面积要小。在建设特色小镇时要合理地、清晰地规划界定范围和建设用地范围，建设时尽量做到空间集中，建设面积不能超过规划面积的二分之一，原则上规划面积一般约为 3 平方千米，建设面积控制在 1 平方千米左右。

第二，环境美。特色小镇的建设要以 3A 级景区为标准，以旅游产业为特色的小镇更要以 5A 级景区的标准建设。

第三，形象独特。在建设特色小镇时要结合本地的地理环境和产业发展特色，在保护好自然环境的前提下，对特色小镇的整体形象和风格气质进行规划和设计，营造独特的发展风格和格调，避免出现高楼大厦。

4. 运作机制“破旧去僵”，做到“活而新”

特色小镇的运作机制要“破旧去僵”，做到“活而新”。市场化机制是特色小镇的一大推动力。

“活”指的是特色小镇的运作机制要灵活运转，避免出现之前政府包揽、“争个帽子睡大觉”等不良风气，摒弃审批制，采用创建制，在建设时实施动态调整制，以政府为引导、以企业为主体、以市场化机制为运作机制进行系统运作，把体制、机制变“活”。

“新”是指要采取新型的运作机制，要采用奖惩并施、鼓励与鞭策相结合的扶持政策，对于按时完成建设任务的特色小镇，要及时鼓励，在建设用地和财政拨款方面进行奖励；而对于没有在规定时间完成年度规划目标任务的特色小镇，要严厉惩罚，加倍倒扣建设用地。允许国家的、地方的以及符合法律要求先行先试的改革试点优先实施上报。

（二）特色小镇的功能作用

1. 特色小镇的功能

（1）产业功能

特色小镇的建设要以产业为形成和发展的动力，考虑产业发展规划协同统筹，特色小镇要作为产业发展的空间载体，要成为产业之镇。小镇的可持续化发展也要靠产业来支撑，要以内生式产业发展为推动力。内生式产业发展要突破自身的产业自主创新能力，摒弃产业发展中的“路径依赖”等非自愿恶性循环，提升产业价值链，由低端产业价值环节向高端产业价值环节迈进，提高产业的国际竞争力。

虽然特色小镇以产业为中心，但是与产业园区和产业聚集区还是有很大区别的，特色小镇所发展的产业创新性更强，集聚效应和产业叠加效应应用更多，产业的集聚、创新和升级更需要新理念、新技术、新模式机制的引入来进行推进，特色小镇所发展的产业如云计算、基金和互联网创业等特色产业与一般的产业园区所承载的产业不能混同，特色小镇不仅承载着产业，还承载着旅游、文化和社区等功能。

（2）文化功能

任何一种共同体都要由一条共同的精神纽带加以维系，并作为共同体生命可持续发展的精神凝聚力基础。特色小镇不仅仅承载着产业，还聚集融合着区域特色文化内涵和休闲文化。特色小镇作为一种新型共同体，当然更需要建立赖以维系的共同精神纽带，更需要重构和强化将“镇民”聚合、联结在一起的文化凝聚力。群体凝聚力对群体行为有着巨大影响，原则上群体凝聚力能够促进群体生产力发展，使群体成员遵守群体规范、表现提升、精神状态得到改善，对工作更加满意，与群体其他成员相处更加和谐，群体成员之间沟通加强，群体内部矛盾减少，群体成员一致对外，降低不安全感和自我怀疑感。在建设特色小镇的文化特色时，要结合当地的文化特色和文化内涵，形成小镇独有的特色文化，并在特色小镇的建设发展过程中将这种特色文化渗透进方方面面，增强小镇居民对于特色小镇的文化认同感。

（3）旅游功能

特色小镇的旅游功能具有公共属性，取决于旅游活动的大众性和日常性，旅游活动是人类最基本的活动之一，特色小镇应该建设满足游客需要的旅游系统，将完整的旅游系统设定不同级别，以满足不同人群的旅游需求。特色小镇的旅游功能体现着小镇的文化内涵、发展的主要方向和产业发展的主要支撑。在人们旅行的过程中涉及的饮食、住宿、出行、游玩、购物、娱乐六个要素都是引导游客消费的方式，发展旅游的根本目的就是刺激游客消费，推动本地经济发展。人们在古镇、生态小镇等游玩时都会放慢脚步，心情轻松，都会通过消费来释放压力，以此来体会不同于平时的生活方式。

（4）社区功能

1887 年滕尼斯提出了社区的概念，他认为社区是一种共同体，这种共同体受传统血缘关系、地缘关系和文化传统等自然意志支配，共同体成员之间有着相同的价值取向，共同体之中各成员相处融洽，成员之间的各自属性也十分类似，随着经济制度的发展和经济社会的变迁，社区的概念也在不断地丰富扩展。社区是人们共同生活的平台，是人类城市社会的基本单元，也是人类社会生活的共同体，只有社区和谐，人类的城市社会才会和谐。

在建设特色小镇时，要以高标准进行规划，建设起点要高，要以人性化、现代化标准去建设小镇的内部环境、建筑结构、设施布置、功能设施和服务等。宜人的居住环境和良好的生活品位，不仅可以吸引居民，满足居民的生产生活需求，还能让居民在体验小镇的舒适环境的同时，增强对于特色小镇的内心归属感。

总体来看，特色小镇的内涵是上述四个功能的融合，而不是简单的叠加。特色小镇的立镇之本是高质量产业，小镇之魂是极具特色的文化，小镇之美是旅游系统，小镇之命是社区平台，产业、文化、旅游和社区四个功能有机结合打造出的才是合格的特色小镇。

2. 特色小镇的作用

特色小镇是通过要素空间最优化配置，破解城镇化过程中大城市与小镇脱节、需求与供给脱节、发展与保护脱节、土地城镇化与人口城镇化和市民化脱节等难题。

（1）整合资源

随着城镇化进入成熟期，一些城市面临产业转型而进入衰退期，目前我国约有 150 座资源型城市面临产业转型。同时，很多城市已有的开发区（工业园区）、新区（新城）以及产业聚集区建设都因功能单一等原因而不同程度地存在资源浪费、土地扩张过快等问题，需要进行资源整合。但城市往往因为面积广、人口多、市场和行政事务复杂、部门协调难度大，资源整合工作尚无明确头绪。特色小镇可以将产业发展、城市建设与管理等融为一体，通过专业的城市运营，建设城市运营商务平台，对城市进行修复，即城市空间修复、生态修复、产业升级修复。通过在特定地区重新审视已有的产业政策和土地开发政策，特色小镇将开发区和新区建设政策与经验融入地方发展实践中，选择合适的地点，以城市共同体的方式对这些政策进行空间整合，从而为新兴产业与传统产业对接、制造业与服务业对接、市场要素与政府服务对接、自然与人文对接、生产与生活对接、地方发展与外部资本对接、产业与人才对接、实业与商务服务对接、旅游开发与地方发展对接，提供平台和新的增长空间。

（2）增加有效供给

我国经济面临的巨大瓶颈是有效供给不足带来的产能过剩，供给侧结构性改革的主要目标就是通过对劳动力、土地、资本和创新四大要素的提升，调整经济结构，使要素实现最优配置，从而提高经济增长的质量和数量。但是，由于传统产业规模小、风险大，或者项目分散、发展粗放、标准低，在接续新兴产业过程中，改造升级过程所需要的劳动力、土地、资本及创新要素难以得到满足。此外，缺少有能力的劳动力、充裕的资本和创新要素分布分散（即需求和供给存在空间错配），这都不利于进行供给侧结构性改革。

特色小镇可以选择最有基础、最有特色、最具潜力的主导产业，按照产业生态的竞争规律，在符合条件的地区，通过在产业链的某个优势环节构建复杂的横向联系网络，用特殊区域价值吸引人才、技术和资金，扩大有效投资，增强发展的传承性，使具有区域比较优势的各种资源和要素在特殊空间进行重组，对符合未来发展方向的产业要素进行高端聚合，创建有竞争力的产业生态系统，提升产品质量。

（3）搭建城乡一体化桥梁

城乡一体化发展的短板是小城镇和乡村发展过于滞后，尤其是小城镇产业空心化导致大量人口流向发达的大城市地区。事实上，根据梯度推移原理，我国东部发达地区尤其是发达的城市地区在经过了三十多年高速增长后，产业向中西部地区转移的现象也已进行了若干年。目前中西部的大城市地区也相继出现了土地和劳动力成本高的难题。与此同时，广大的乡村地区（包括乡村城镇）却由于人才等优势要素严重缺乏，发展梯度过低而不能承接需要转移的产业，甚至处于首都经济圈的河北地区在承接北京产业转移过程中都面临诸多困难。这说明，一方面乡村地区仍有很大的发展空间，另一方面需要增强其承接产业转移的能力。

特色小镇一般地处城乡接合部，是在接近乡村的地区所选择的聚集中心。特色小镇应充分利用这个地区的区位条件、自然资源、土地等，通过有重点地进行基础设施建设和完善公共服务，探索一种新型的社区治理模式和发展路径，创造环境友好、具有文化特征和历史传承性的创新氛围，从而吸引人才、技术和资金，在发展落后的乡村地区首先打造出一片“高地”，将承接产业转移和改造传统产业相结合，最终实现“村镇如城市、城镇是乡村”的完美融合。特色小镇首先应实现居民基本权益平等化、城乡要素配置合理化、城乡公共服务均等化、城乡居民收入均衡化、城乡产业发展融合化，从而为城乡一体化开辟道路。

二、特色小镇构建的基本要素

（一）经济基础

地区经济基础是特色小镇发展的核心。中外实践都证明，城市规模随着城镇化进程，经历着由小到大的变化过程。但是，特色小镇却是在城镇化到达成熟阶段，大城市增长放缓，甚至停滞或缩小后，而在外围地区出现的、具有独特功能的小城镇，即特色小镇多数是城市郊区化的产物，而郊区化是与经济发达和后工业化相伴而生的产物。这就说明，特色小镇与经济发展水平息息相关。反过来，特色小镇也是城市经济的载体，随着大城市功能疏解，特色小镇甚至承担了大城市产业的某些特殊功能。因此，特色小镇要以产业为核心，与大城市形成以产业为关联的空间整体。例如浙江省对县域经济发展的一贯重视和支持，是该省特色小镇领先发展的重要基础。

1. 知名度需要地区产品竞争力

对产业型的特色小镇而言，产业或产品知名度是特色小镇的竞争力。无论是产品还是城镇的品牌形象，其知名度取决于资源、工艺、技术、功能、成本等的独特性与优势度，这种独特性和优势度与其知名度成正比，即优势度和独特性越强、知名度越高，表现在空间方面，就是其优势度和独特性能辐射多大范围，其知名度就能延展至多大范围。在考虑空间尺度的前提下，产品竞争力的大小，取决于所在地生产该产品绝对优势度的大小。这种绝对优势度指的是，该地区在这个空间范围内经济发展的地位，以及这种地位为生产该产品所带来的成本和功能的绝对竞争力。

一般来说，特色小镇的核心产业所锁定的空间范围往往在省级区域尺度上，但知名度能达到全国甚至全球。这样，这个小镇所在的地区就需要在全省、全国甚至全世界具有生产这种产品的绝对优势。这种绝对优势就是该地区经济发展到一定程度后，能够提供生产该产品的资源、劳动力、技术储备、组织管理能力、协作配套能力和市场拓展能力。这不仅需要具有绝对优势的地区资源，还要有能够使这种资源产生经济效益的地区经济要素，如劳动力、土地、配套产业和设施、资本甚至文化凝聚力和认知力。

在实际操作过程中，企业往往从消费角度考虑，而忽略了竞争力需要的是地区绝对优势。比如，北京周边的张裕爱菲堡、龙徽博物馆、房山波龙堡、沙城中法庄园、红叶酒庄、桑干酒庄、德尚酒庄这些以葡萄种植和酿酒为特色的郊区农庄，尽管已经建设经营了多年，但大多仍处于单一景点状态，难以形成特色小镇，主要原因就是主要产品不具有绝对优势。北京虽然有巨大的消费潜力，但这些郊区农社所在的地区并没有种植葡萄和酿酒的绝对优势，也没有配套产业和消费氛围，无论是产业根植性，还是竞争力都不占优势，同时，适合这种消费的北京人，更倾向于选择外地甚至国外更具有西方酒庄氛围的地方，而不是这种不伦不类的非西式非中式酒庄。

2. *产城融合需要地区经济支撑*

产城融合是特色小镇的目标，也是城镇化质量的一个特征。城镇化由两种动力形成，一种是城市经济增长对劳动力的需求，另一种是农业劳动生产率提高产生的农村剩余劳动力从农村向城镇的转移。前者可称为城镇化的拉力，后者称之为城镇化的推力。两种力都是地区劳动生产率提高和经济发展的产物。因此，城镇化本身就是建立在地区经济发展基础上的。尽管城镇化有“外发型”和“内发型”两种方式，但健康的城镇化归根结底还是由地区经济发展到一定程度而产生的。作为“城市之尾”和“农村之首”的小城镇与农村联系更紧密，是农村经济发展后产生的剩余劳动力转移的最直接目的地。因此，是地方经济发展导致城镇化，而不是城镇化导致地方经济发展；

是地方经济发展产生了特色小镇发生的条件，以及对特色小镇的需求，而不是特色小镇导致地方经济发展。当然，特色小镇可以引导地方经济朝健康方向发展，可以在一定程度上使之少走弯路，但不能在毫无经济基础的条件下盲目推进。

腹地与中心城镇的经济发展息息相关。城镇是腹地经济领导者和要素的聚集核心，腹地是城镇发展的经济支撑。有什么样的腹地就有什么样的城镇；有多大的腹地经济规模，就有多大的城镇规模；腹地经济水平在何种程度，城镇质量就在何种程度。有很多落后的地方，虽然很有特色，但是这种特色仅是未曾开发过的原始自然特色或文化特色，没有经济实力进行城镇基础设施建设，没有完善的公共服务和富有情趣的城镇化生活，仍然不能成为特色小镇。只有地区经济发展到一定水平才可以为城镇建设提供足够的资金，进行基础设施建设和提供完善的公共服务，才有条件实现产城融合。事实上，最先提出具有实践意义特色小镇的浙江省，既通过“块状”经济为新型城镇化奠定了经济基础，又面临“四个经济转型”的需要。“四个经济转型”指的是，增长由高速转为中高速、发展方式由规模速度型转为质量效率型、经济结构由增量扩容转变为调存优增、发展动力由传统增长转变为新型带动的转型阶段。为此，浙江省设想通过特色小镇为经济转型的七大产业，即信息经济、环保、健康、旅游、时尚、金融和高端装备制造业，提供发展机遇，并围绕“块状”经济所在地区布局紧凑型的产城融合型特色小镇，如余杭家纺产业集群、绍兴纺织产业集群、杭州装备制造业产业集群和海宁皮革制造业产业集群周围都逐渐显现了一批特色小镇。

（二）资金支持

资金是支撑特色小镇成长的必要条件。特色小镇建设与其他的城镇建设一样，同样需要资金支持。我国小城镇大都规模较小，税源性项目少，财力短缺，是大部分小城镇面临的普遍问题。同时，小城镇自身可以使用的政策工具、资金支持十分有限，而且发展空间相对狭小，可借力、借势的余地不大，往往很难引起战略投资者的关注。尤其特色小镇和传统城镇建设不同，约束条件多，服务性和公益性强，社会资本进入更难。如何创新投融资模式，吸引更多资本，是建设特色小镇又一个需要探索的领域。一般来说，用于特色小镇建设的资金，与具体项目对应，主要从四个环节进行投入。

1. 土地开发投资

我国的土地一级开发，是指由政府或其授权委托企业对一定范围内的土地进行适当的基础设施建设，使其达到具备给水、排水、通电、通暖气、通信、通路、通气以及场地平整（又称“七通一平”）的条件，使二级开发商可以进场迅速开发建设。随着“政府主导、市场化运作”原则的进一步落实，其中逐渐引入了私人资本介入，多元化的融资渠道成为土地开发的主要方向。但是由于基础设施建设存在专用性、非流动性、服务局限性和成本的劣加性，而且投资规模大、投资回收期长，表现为明显的巨额资本沉淀性，私人资本一般不容易介入。从目前来看，我国城镇基础设施建设的主要资金渠道，有政府投资、银行贷款、信托融资和土地储备基金等。

在城市地区的土地开发中，无论是开发商还是政府都对土地增值有较高预期，从而资本回收期相对较短、盈利能力较强，因此比较容易筹措资金；而在特色小镇建设中，由于小镇的经济规模小、产业竞争力尚未显现，投资预期存在诸多不确定性，“七通一平”的基础设施建设资金回收周期会更长，而且缺乏规模效益，加之小城镇土地储备不健全，政府财力紧张，融资渠道更加狭窄。如果在已有建设用地上进行改造性建设，地上物复杂且对周围环境要求严苛，拆迁成本高和难度大等诸多困难相叠加，资金缺口比城市地区大。另外，特色小镇的多样性用地导致建设项目种类多、规模小，资金收益往往不高。

2. 房地产开发

尽管我国的房地产业方兴未艾，建设资金还是主要靠银行贷款和商品房预售筹款。无论是哪种资金来源，都是基于投资者和出资人对房地产价格上涨的高度预期。这使得我国房地产业在经过了十余年的高速增长后，房地产存量近年连续增加，价格虚高引发的泡沫已成为国家经济的主要威胁。尤其是三、四线城市的高库存，更不可能通过高房价预期为小城镇建设筹集更多资金。尽管特色小镇的产城融合理念为文旅型特色小镇的房地产业开辟了一条新途径，但却对开发商提出了更高要求，项目的多样性和高度融合性，要求资金使用和来源以及运营模式多样性，也致使资金使用成本增加。

3. 运营资本

城镇化质量要求城市管理水平进一步提高，城市运营成为提高城市管理水平的重要途径。所谓的城市运营，是一个从土地一级开发到城市发展的全周期和全方位的多类型、多功能复合系统，需要建立在对城市发展和城市化具有前瞻能力的基础上，通过整合各种资源，为城市提供综合服务。其本质含义是，建筑载体与城市空间相结合，并对城市进行多系统的组织与管理，要求企业、运营商、主管单位、监理单位、设计单位、政府监督部门、规划部门、公用事业部门、市政部门以及周边相邻单位及住户的相互配合、协同发展；需要与社会经济发展目标和城市总体规划目标紧密结合，进行统一规划、合理布局，获得良好的经济效益、社会效益和环境效益。与传统地产和城市管理相比，其特点是部门多、参与主体多，完全是一个各种营运方相结合的自我积累和自我发展过程，因此，定位规划难、专业性强；资金需求大、财务成本高；招商难、运营风险大；人才要求高、管理难度大；体量巨大、投资规模大、开发周期长。特色小镇要保持产城融合、自然与环境融合，以及在各方面相协调，就需要开发商从城市规划、城镇设计、土地一级开发、二级开发，以及招商、产业配套服务、公共服务和商务服务，甚至社会服务等进行“一揽子”承包。与其他形式的城市运营相比，特色小镇的建设目标与城市运营目标更契合。因此，综合运营资本是保证特色小镇成功的关键。

4. 品牌打造

小镇需要进行城镇品牌打造，才能成为真正的特色小镇。打造城市品牌有很多途径可以实现，以资金运作为核心的城市品牌打造，被称为城市经营，其资金链及运营主体构成了城市经营的主要内容。一般来说，城市经营的要素包括土地、河湖、绿地等自然资源，也包括公共设施等城镇公共有形财产，还包括如公共场所的使用权、冠名权、专营特许、文化遗产、广告设施以及城市形象等无形资产。城市经营的目的，就在于通过运作这些公共资产使之升值。在这些公共资产中，土地资产最容易升值且外部收益最大，投入产出比最高，甚至很多时候不需要投资，就能从城市发展中获得数倍的升值收益，一般来说经营主体是政府；无形资产则往往被企业用来获得品牌收益，如旅游企业和农产品企业，利用地域优势进行的宣传，虽然有时候也有政府投资推动，但经营活动的主体主要还是企业；作为城市发展的先导条件和基础性投资领域，基础设施的投入产出比最差，一般要靠政府投资，企业和居民获益，在无利益补偿情况下，社会资本不可能介入。从资金运作和利益角度考虑，政府投资基础设施的积极性也不高。

因此，为了更快地推进基础设施市场化，政府需要在三者之间进行利益平衡，如将土地收益与基础设施投资挂钩，建立外部利益重新分配机制，通过外部收益平衡机制进行资金运作和城市经营，打造特色品牌。在解决特色小镇建设融资难的问题上，毫无疑问，采用公私合作伙伴（Public-Private Partnership，PPP）模式，是目前比较可行的，也是我国城镇化的发展方向。但是如何运用 PPP 模式依托金融资本，运用政策合力，调动企业积极性，整体打造特色城镇是区别于以往城镇建设的关键。

（三）文化底蕴

特色小镇的文化体现着小镇的个性特点，是小镇之魂，也是小镇的魅力所在，要想提升小镇的凝聚力和向心力，必须要具备独特的文化底蕴和文化图腾，文化内涵的深厚与否，决定着小镇是否能在区域、全国甚至全球范围内产生知名度。特色小镇可以看作是一个共同体，这种共同体是由共同体成员的文化认同感作为共同精神的基础的，这种共同精神的基础就是让共同体得以维系的共同精神纽带。文化内涵所产生的影响力是各种要素和共同体各成员之间的文化凝聚力产生的。通过这种认同，可以实现共同体文化对个体的统摄、规范、吸引和关怀，同时也使个体对共同体文化自觉皈依、奉行和遵守，使他们为一个共同的目标而采取统一行动。这就是所谓的由文化凝聚力而产生的软实力，它可以通过导向、吸引和效仿得以传播，从而产生更大的影响力。特色小镇的文化是一种共同体文化，是共同体全体成员的整体文化，而不是共同体中某一个成员的文化或者某一部分文化，特色小镇的文化是产业、空间、生产和生活各方面的凝聚剂，如果特色小镇在发展过程中失去了整体文化内涵，也就失去了独特性，变得平平无奇了。

1. 小镇的文化组成

特色小镇的文化是通过由文化资源、设施、活动、特色生产生活方式产生的文化感染力和凝聚力所表现出来的。

文化资源是指艺术和文学作品、古建筑和文物等具有文化价值的文化财富，这些文化财富的价值随着旅游的发展被越来越多的人所看到，也在不断地提升。越来越多的企业将文化资源作为旅游资源的一部分，对具有历史价值的建筑进行修整，对大量文物进行修复整理，这些文化资源已经被应用到了许多旅游城镇的旅游资源里。

文化设施是指文化馆、博物馆、绘画场所及演出场所等由政府投资建设的、进行文化活动的基础设施，由于文化内容已经渗透产业的方方面面，在产业活动和消费活动中都能看到文化内容的影子，所以企业也在将其融入经济活动，例如，北京郊区许多采取收费和半收费形式的艺术馆，在供市民参观的同时，也变成了独特的文化活动场所。

文化活动最初就是当地居民进行的自娱自乐性质的表演、庆祝和节日活动等，体现着当地的民俗文化特色，随着文化的发展，这些文化活动慢慢演变成了地方形象和经济生活的重要组成部分。如浙江嘉兴特色小镇新塍，是一个历史悠久、人文荟萃、具有典型江南水乡特色的千年古镇，与其悠久历史和文化特点相对应的活动“鳌山灯会”在当地最负盛名，在中断 65 年后，于 1999 年恢复，与元宵节有机结合，每年举行一次，至今从未间断，近年规模连续创新高，已成为新塍镇的文化符号，不仅深受当地居民喜爱，还吸引了大量游客。这些文化活动还在一定程度上带动了当地经济。到 2015 年底新塍共有企业 300 多家，其中年销售超 2 000 万元的企业 42 家、超亿元的企业 6 家。

生活方式指的是当地居民特有的生活习惯和特点，与当地的文化特点相适应。特色小镇的生活方式强调“慢”，小镇优美的环境和闲适的生活都体现了“慢生活”的特点。为了创造特色小镇独有的“慢感受”，在建设过程中各个方面都要突出“慢生活”节奏，在小镇的公共交通设施建设以及生产消费服务和风格特点等方面，通过各种体验，让小镇居民从听觉、视觉、触觉等多个感官角度感受到小镇的“慢”。与此同时，为“慢生活”产业如养生、健康等，创造产业氛围，引领新兴产业发展。

2. 文化价值实现途径

具有时代性的文化特色小镇要同时具有历史传承性、区域特殊性、文化延续性和开拓性及创新性，在文化传承中要做到优秀文化的提取和创新文化的植入，传承和创新并存。现在的城市居民大多是由于城镇化搬来的新居民，城市中具有地域文化的原著居民已经很少了，随着城镇化的不断发展，越来越多的小城市和乡镇在向城市转变。要留住当地居民和地域文化以进行文化传承，特色小镇不失为一种好方式。

要实现文化价值的传承，需要结合当地实际情况对文化内涵进行挖掘，要将挖掘出的特色文化内涵融入特色小镇建设的各个方面及各种细节，为小镇创造出独特的文化风格和浓厚的文化氛围，营造出小镇特有的吸引力和魅力。由于文化传承具有地域性、历史性和民族性，在传承过程中必须将文化内涵与人文特点、自然环境和建筑风格相结合，才能得到独具特色的小镇文化。要做到保护区域文化，注重整体风格和周边环境的协调性。区域文化是由整体的文化内涵体现出来的，它不是可以由某一种单独的文物古迹体现出来的，而任何一种表面上看起来没有价值的资源，只要把它放到适合的位置，体现出其与环境的协调性，它就可以产生价值。所以，要同时保护具有文化价值的文物古迹和其所在地区的整体协调性及整体风格。对文物古迹的保护不是完全不能触碰，而是要在最大限度保持其原有风格的前提下对其进行研究发掘，挖掘出其中的文化内涵和文化价值，利用现代技术手段对其进行全面的展现。例如可以利用数字化动态技术将《清明上河图》中所描绘的宋朝清明时节的繁华市集场景再现出来，让整张画“动”了起来。要在传承的过程中注意“提取”，如乌镇所展现的“乌镇模式”，通过互联网活动，乌镇由原本的人文旅游小镇变成世界互联网大会的永久会址，转为了智慧小镇。

目前，部分地区的政府还存在着一些关于文化特色界定问题的误解，他们认为没有被国家承认的就不算文化特色，因此也就没有任何价值，他们一边苦恼小镇找不到适合的文化特色，同时又在破坏损毁一些在他们眼中毫无价值的“真正文化特色”。例如，著名历史人物狄仁杰的家乡——位于山西太原郊区的狄村正在被拆除，无论是历史文化价值还是人物价值，都足以使该村的知名度闻名全国。但是，由于历史的原因，该村一直没有得到很好的保护，以致损毁严重。同时，因为未被政府认定，其价值没有被引起足够重视。

建设性文化是指通过投资和运营等商业运作模式打造出的文化项目，是一种经过创新和创意实现的文化价值，如欢乐谷、迪士尼乐园等。目前，有许多位于郊区的文化创意产业园区，它们其实就是一种特色小镇的初始形态，发展综合性质的特色小镇时，在产业和旅游项目中融入一些新型文化创意项目，就能形成创新植入型的特色人文小镇。例如位于杭州的艺创小镇，拥有转塘镇高校、培训学校、全国唯一以创意为主题的云栖小镇和建设中的新型研究型高校——西湖大学，融合“艺术+”和“互联网+”，使小镇同时具有文创研究、艺术表演、社区经济、时尚经济和文化旅游五种功能，形成了以美术和设计为主的产业集聚群，成为一个新型的特色人文小镇。

3. 企业文化与环境文化的融合

特色小镇文化是一个共同体文化，在这个共同体里，个体文化与整体文化越是接近，其文化价值就越大。企业如何充分利用整体文化营造自身文化，又如何通过自身文化为整体文化增色添彩，事关特色小镇文化建设的成败，也决定着企业文化建设和竞争力的大小。企业的竞争力除了规模、技术、资金等硬实力外，很大程度上来自软实力，即企业文化，它是竞争力的核心。企业的巧实力就在于将软实力与硬实力结合，这就需要企业文化与环境文化的融合。

从特色小镇成长起来的企业，与大城市的大型企业或跨国企业最大的区别，就是能够与小镇文化相融合。在融合过程中，其文化的超值性、无形资产和品牌独特性和与时俱进的时尚性，都能随着小镇的产业转型、人才聚集、资源特色和市场知名度的升级而得到提升。因为，软实力是一种精神性力量，需要与主体精神状况相联系，并借助于周围环境得到升华。因此，在特色小镇内，企业文化与小镇文化是共生的文化生态系统，每个企业在其中都具有各自的生态位，也能从自身的生态位中获得竞争力，企业文化越浓，具有相同文化埋念的企业数量越多，这种生态系统就越稳定。企业文化代表的是一种有形资产，小镇特色文化代表的是一种无形资产，两者的文化融合就是两种资产之间的连接，就是一种物质生产方式和文化生产方式的连接，将文化价值变换为生产价值。两者融合有两种方法：一种是将文化资源变成文学艺术作品、广播电视电影作品等文化产品，或是以文化产品为中心形成文化产业；另一种是将文化资源融入物质产业，为物质商品附加额外的文化价值，以此提高物质产品的总体价值。

当企业文化与特色小镇文化进行人文连接时，所创作和添加的文化内容，都应该围绕小镇的核心文化内涵有步骤地实施。

在特色小镇这一文化共同体内，不同行动主体之间只有建立相对一致的目标、愿望和利益诉求，才能更好地形成凝聚力。他们作为小镇文化的组织者和战略设计者，需要发挥整体文化对每个成员的引领、渗透、感召、辐射和凝聚作用，成为建设文化的主要力量，为企业的经营文化创造条件。

（四）自然环境

良好的自然环境是建设特色小镇必不可少的前提。我国经济的快速增长伴随的是自然环境的严重破坏，城市中严格控制污染，一些高耗能、高污染、难治理的企业被“最小抵抗路径”原则限制发展而难以在城市立足，因而这些企业和新技术开发产业都迁移到了农村，在农村建设发展。

由于农村环境管理力量薄弱，这种企业建立在农村比在城市所遇到的限制要小得多。因此，农村和接近于农村的小城镇地区，生态环境破坏更为严重。另外，农村综合设施缺乏，生活污染处理能力弱，加之城市废弃物向外围转移，都加剧了农村地区的环境压力。同时，农村在重大环境项目中缺乏投资建设，环保政策弱化，环境基础设施严重滞后。除经济发达的城市和地区以外，我国大部分地区普遍走着先污染后治理的老路，而且有过之而无不及。这种大面积的污染有极强的地区外溢性，即使某些小城镇本身没有污染企业，也能处理好自产的生活垃圾，也不能独善其身。因此，我国特色小镇建设中的环境基础与国外相比要脆弱得多。

1. 环境意识

随着人类对自然界由依赖变为征服，人地关系成为人类如何发展的方向性选择问题。但是目前我们虽然注重了自然环境的工具价值（即外在价值），却忽略了其内在价值。这种内在价值是指自然界客观存在的发展规律。我国城镇化空间盲目扩张，完全离开了腹地经济和自然环境的支撑，其深层次原因在于对环境伦理缺乏认识，没有认识到人与生存环境之间的相互依存关系。在我国人口众多、资源缺乏、生态环境脆弱的条件下进行城镇化，一定要考虑城镇发展与腹地和自然环境条件的可承载力及相互依存关系。

特色小镇尽管可以选择在一些自然环境好的特殊地区，但除了上述的污染外溢性以外，特色小镇作为我国城镇化的发展方向最终要实现普遍的改善。因此，环境建设和保护是根本。然而，由于长期以来对城市建设的错误认识，认为只有建设才是城镇化的成就，不但忽视了自然水系、植被等原有生态系统和生态美学，还破坏了自然环境系统。如我国很多城镇化地区，都将原有植被砍伐、原有水系填埋后，再重新进行人工造林和人工造景，不但扰乱了原有生态系统中的生物种群特征，还导致城市绿化率和绿化效果降低、植物种类减少、行道树种单一等“生态灾难”。另外，铲除自然植被和填埋水系等以腾出更多土地建设宽马路和大广场、高建筑，然后用人工植被和水池做点缀，不但浪费了土地，也完全违背了生态美学原则。这从很多新区的马路宽阔而人车稀疏、广场宏大而了无绿荫、建筑物高悬而鲜见绿色的景观中可见一斑。每一次“造镇运动”为城市自然生态系统带来的破坏都应当成为深刻的历史教训。

特色小镇除了强调产业和文化特色外，自然环境的特色亦是各种特色的基础。特色小镇的自然环境特色是大自然给予当地的财富，只有在当地的环境下才能发挥其真正价值，这是人工建设的自然环境不能相比的。人工建设的自然环境具有可复制性，而可复制性就代表着非独特性，这种特色不是真正的特色，所以应该重点保护特色小镇的自然环境而不是兴建人工环境。

在保护环境时，根据特色小镇需要各要素相互融合的理念，在遵循自然生态系统规律的基础上，要注重营造整体氛围，尤其是注重产业布局与自然景观的和谐、文化打造与自然习俗的和谐、城镇建设风格、密度与空间布局与环境的和谐，要将一切人工设施融入自然环境中，而不是不顾环境特点，照搬别处的设计或凭空想象的设计。例如，我国在一些山地建设房屋时，几乎所有做法都是将山头推平，变成平地后再进行建设，这样的房屋与平原地区无多大差异而且还严重受限于平地数量。而同样处于山地之国的瑞士，很少破坏山势地形，其房屋几乎全部循山势而建，一座楼内的不同房屋有的在地上，有的在地下，朝着下山方向的房屋在地上，朝着上山方向的房屋在地下，楼房都像是“镶嵌”在山中。这就保持了山地特有的地形地貌景观，并与山体融为一体。山体丰富多样的自然景观造就了城镇丰富多样的特色景观。

2. 区域内环境利益分享

从严格意义上说，自然环境是一项公共性很强的资源，无论你是破坏者还是建设者，所造成的后果都是由生活在其中的全体成员来承担，因此，很难从经营者的投资和付出中得到相应回报。环境利益不能靠企业独立行动，更不能靠企业主动投入，只有建立环境利益分享机制，才能形成保护环境的动力。利益分享机制是建立在共同的环境利益相关者角色基础上的。环境利益包含了初始利益、原生利益、次生利益、再生利益和共生利益五项内容；环境利益相关者是指能够影响一个组织环境目标的实现，或者受到一个组织实现其环境目标过程影响的所有个体和群体。

在特色小镇这样小范围和多样性融合的地区，每个个体和企业以及机构都是这里的环境利益相关者，五项利益内容在所有环境利益相关者中都有所表现。从生产角度来讲，企业既是初始利益的营造者，也是原生利益以及次生和再生利益的受益者，其他机构和个人在围绕企业获取收益的过程中，也同样在分享这些利益。因此，企业是环境利益的最核心相关者。企业除了不污染环境外，还要保护和维护自然环境，甚至积极营造适合自身发展的自然环境。环境好坏不但与企业的声誉直接相关，而且是其价值的组成部分。一般来说，积极的环境政策和严苛的环境控制，能提高当地企业的声誉，增强企业可持续发展能力，但环境投资成本会使企业短期经济绩效下降，影响后续发展能力。这就需要公共利益维护者，在环境投入与收益之间进行平衡。

对于地方政府（或代替政府进行前期投资和开发的投资者）而言，如何为当地企业和消费者创造一个适合本小镇独特风格的自然环境是其主要责任，也是提升小镇核心价值之所在。其主要任务是整体设计，将环境投入作为基础设施的重要组成部分，为整体环境系统搭建框架，并规定不同地区的环境建设内容，将环境价值计算在成本和收益核算中，使之成为企业入驻的前期成本。在以环境为价值的特色小镇地区，处于环境价值核心位置的企业（即环境氛围与核心氛围一致性最强的企业）是获益最多的企业。将小镇地区的区位环境进行定价，根据企业的利益诉求，以及企业对小镇价值的重要程度，合理安排企业布局。将环境要素作为企业所在区位的资产，与企业投入和绩效挂钩，以调动企业开展环境营造的积极性。个人和其他组织可以视其对环境的贡献大小，以及在小镇中所处的地位，来决定其成本和收益关系。

3. 区域之间的环境共同体建设

自然环境的整体性和系统性，决定了环境之间有很强的邻避效应，即一个地区的环境建设或破坏会影响到周围地区。特色小镇主要维持区域良好的生态系统，不受周围地区污染，并保持周边一定区域内生态系统的完整性和协调性。因此，其核心内容就是区域之间环境利益的协调与统一。但是由于非特色小镇与特色小镇发展目标存在着不一致性，生态利益和生态价值相矛盾，利益不容易协调。从目前已有措施来看，可行的办法是生态补偿，即生态环境获益方（往往是特色小镇）补偿损益方（非特色小镇）。但是由于特色小镇大都建设周期短、经济力量弱，难以实施。可行的办法就是回避周边环境差的地区而选择特色小镇。但随着小镇建设的进一步推进，数目的增加，环境邻避问题终究无法回避。这就要求在特色小镇建设过程中，推进环境利益共同体建设。

一是以特色经济为地区带来示范效应，扩大外围地区腹地，争取利益共同体成员数量；二是合理布局一些外围产业，在延伸本地产业链的同时，为周边地区带来产业发展机会；三是与周边地区建立基于共同自然环境为特征的产业联盟，共同建设特色小镇群。例如，杭州桐庐充分利用了区域外的山地、山林和水系，采用有区域层次的规划，打造了健康宜居、宜业、宜养、宜游的健康服务业集聚区。

综上所述，特色小镇的地域经济基础是建设的核心和载体，资金支持是建设的支撑和动力，文化底蕴是建设的内涵，自然环境是建设的前提，这些要素共同构成了特色小镇。

三、特色小镇构建的多元理论支持

（一）“田园城市理论”下的特色小镇

1. 理论概述

1898 年霍华德在其提出的“花园城市理论”中就已经描述出了与特色小镇类似的结构空间模式，同年，埃比尼泽·霍华德爵士在《明日的田园城市》一书中提出了“田园城市”，又称为“花园城市”“田园都市”。次年成立的“花园城市协会”建立了列曲沃斯花园城市和威尔温花园城市两个花园城市试验点。

尽管这两座试验城市并不完全符合霍华德的理论思想，但它们至今都还保持着健康并持续发展，霍华德认为，田园城市的规模足以为居民提供足够的社会生活就好，规模不能过大，由委员会管理。小镇面积为 4.05 平方千米左右，人口约为 3.2 万，其中城市居民为 3 万人，另外的 2 000 人生活在乡村。

总的来说，“花园城市”有三个特征：一是规模尺度小；二是城市功能自给自足，生活节奏慢；三是生态环境可持续发展、布局呈组团田园式、公共交通设施齐全便捷、社会服务公平公正、城乡发展一体化。这种理论虽然太过理想主义，但是越来越多的学者已经开始接受。

2. 理论应用

我国近 30 年的经济迅速发展，由此带来“城市病”如高房价问题正在日益凸显，使中国的城市化进程进入了瓶颈。因此，我国城镇化进程的下一阶段必须以疏散城市功能和复兴乡镇为主要目标，而“花园城市”这种具有城乡协调发展特点的建设方案，就是可以完成这项目标的良好对策。

目前在浙江兴起的特色小镇建设的实践发展模式就与田园城市的理论大部分契合，特色小镇“产、城、人、文”相结合的创新发展模式如果能在全国范围内推广，那在我国这片遥远的东方大地上是否就能够实现田园城市这一理念？

特色小镇的建设模式与田园城市的理论精髓十分契合，在体系构成上也十分一致。特色小镇的特点是产业形态特色鲜明、自然环境美丽宜居、文化特色传统深厚、设施服务便捷完善、机制体制充满活力、产业“特而强”、功能“聚而合”、形态“小而美”、机制“活而新”，这些都与霍华德田园城市的基本理论相符合。在内容主张方面，田园城市强调绿色健康的环境氛围，特色小镇秉承独特的文化氛围；田园城市强调高附加值的产业集群，特色小镇强调特色新兴产业；田园城市强调浪漫温馨的品质社区，田园小镇强调魅力人居环境。特色小镇以独特的文化氛围为“内核”，小镇要根据其地区特点挖掘其独特的文化，增强居民的文化认同和文化归属感；以特色新兴产业为“依托”，小镇要营造适合产业发展的环境，留聚并吸引相关产业；以魅力人居环境为“根基”，从硬件设施和软件建设上都要满足居民的生活需要，改善人居环境，使环境宜居宜产。

（二）“精准治理理论”下的特色小镇

1. 理论概述

“治理”一词最早出现在1995年由联合国全球治理委员会发表的《天涯若比邻》报告中，其强调“参与、平等、回应、责任、合法、有效”，产生于对政府与市场、社会和公民的互动关系的反思，因而是经济社会运行中可能发生的市场失灵或政府失灵的常用应对措施。

特色小镇的开发建设及发展是一个长期的过程，小镇的治理模式对于小镇是否能够长期运行十分重要。无论东方还是西方的特色小镇，在建设过程中都需要政府来扮演推动者的重要角色，地方政府在政治、经济、文化和社会多方面对小镇建设综合运营，让特色小镇这一复杂运行体保持可持续发展。

在特色小镇的治理过程中，不应由唯一的权力中心进行主导，如果其只追求自身利益，小镇的其他主体可能会被忽视，这与治理的原则不符。在小镇的治理过程中，要使社会上各个组织、各个群体以及每个公民共同参与和承担责任。

在西方的特色小镇建设过程中，人们经过上百年的实践发现，政府要承担的职责只有协调组织、传递服务、参与表达、财务预算、推进计划、提供理论技术支持等，这与我国的特色小镇治理要求多方组织和公民共同参与的理念相契合。

治理理论在我国的顶层设计中应用甚广。在中国共产党第十八次全国代表大会首次提出“加强和创新社会管理”的社会治理相关理念、中国共产党第十八届中央委员会第三次全体会议第二次提出“推进国家治理体系和治理能力现代化”并着手“改进社会治理方式”之后，2015 年 11 月发布的中华人民共和国国民经济和社会发展第十三个五年规划所提出的“推进社会治理精细化，构建全民共建共享的社会治理格局”，又一次强调了对社会治理进行提档升级。

这代表着我国将进入精准治理时代，精准治理与一般治理相比更强调明确的目标导向、公民参与治理、治理过程及结果的评估监督公开透明。

特色小镇规模比较小，有利于全面进行精准治理模式的运用，这种实践对于促进新型城市化建设甚至社会治理创新建设都有重要意义。

2. 理论应用

创建特色小镇契合社会治理有以下四个契合点。

（1）特色小镇建设潮，堪称中国中华人民共和国国民经济和社会发展第十三个五年规划期间的“新城市运动”

如果按照全国共有 664 个城市（含县级市）计算，结果代表每个城市要建设平均 1.5 个特色小镇。2011 年我国的城市化进程过半，由此进入城市社会，告别了长久的农业社会。与此同时产生的人口超载、城市建设模板化、治理不足和环保问题日益凸显，而特色小镇发展模式，也就是对城市中有特色的小片区域进行量身定制并打造其特有的发展方式，不失为一种对症良药。

（2）特色小镇的兴起恰逢中国的供给侧结构性改革

特色小镇是一个符合创新、协调、绿色、开放、共享五大可持续发展原则的新型功能平台，推动新型城市化高质量、内涵式发展，这与“针对无效产能去产能、去库存，针对有效供给不足补短板、降成本和去杠杆”的供给侧结构性改革理念十分契合。

特色小镇因其集约式、供给式的特殊结构形式，在建设过程中发展建设方向更为清晰明确，远远优于单纯依靠政府管理。

（3）特色小镇得益于高速发展的交通网络

许多偏远乡村与大城市之间随着高铁、公路、桥梁和机场等公共交通设施的建立而连接起来，被动进入都市生活，与大城市的联系更加紧密，时空距离缩短，农民工群体也被低房价吸引而返乡创业。

（4）特色小镇的理念与正在成长的中产阶级生活方式不谋而合

《经济学人》在 2016 年 7 月 9 日的封面文章中指出，中国的中产阶级人数即将增加约 2.25 亿人，中产阶级规模的不断扩大，对中国经济社会发展提出了更高的发展定位要求。

特色小镇是按照“3A 景区”的标准来建设的，而中产阶级也正是小镇“信息、环保、健康、旅游、时尚、高端装备制造业和金融”等产业的主要消费群体。

可以预想到的是，在未来特色小镇与社会治理二者的理念、实践互动和共享将成为常态。

特色小镇与社会治理相契合的四点确保中国新型城市美好未来的创建的“天时、地利、人和”，也将对基层政府和公民对于规避特色小镇建设中的三大潜在问题的精准治理能力进行直接考验。

特色小镇建设的创建期、营运期或维护期的精准治理均可采用以下的“四化”。

第一，小镇的治理主体要做到多元化、智库化。对于特色小镇的治理要强调多方参与和共同负责，要与自上而下的政府管理区别开来。

在选定特色小镇的治理主体时，不仅要从当地基层政府和民众的角度考虑，还要引进各种与特色小镇的特色相符合、与特色小镇的文化相关联的多方群体参与进特色小镇的治理主体，他们可以成为市场化的第三方群体，也能进入小镇的建设智囊团或者与成熟智库联合组成治理联盟。

实现治理主体的多元化和智库化就能确保特色小镇的建设过程治理能够听到多方建议意见、考虑多方面利益。但精准治理不只是将治理主体建立完善就结束了，还需要考虑治理主体之间的常态互动、工作内容的对接和共同决策的效率等事项，这些都需要有运行机制来进行支撑。

第二，小镇运行的机制体制要平台化、网络化。特色小镇的运行机制要贯穿整个小镇的建设发展和日常运营，要将这套规范制度与精准治理理念联系起来，就要将精准治理理念融入小镇的运行机制中，不再体现出分割性，而是要表现出平台化、网络化的运行机制。

特色小镇的规模较小，参与小镇治理与运行的多方主体在进行信息共享、问题解决和工作交接时都能通过一个由小镇管理委员会搭建的平台进行，在使用一段时间后，平台上各个主体之间都互相熟悉，了解小镇治理运行的各方面知识，在特色小镇的治理过程中要强调工作平台(线上或线下)在精准治理中的重要作用，以持续高效地倾听各治理主体的声音。

第三，特色小镇的创新体系要做到常态化、本土化。特色小镇的创新点和特色要在日常运营中不断更新，形成整体上的常态化和本土化创新体系，让小镇的环境等方方面面都每日完善更新，治理部门要时刻注重创新思路的激发。

要做到小镇创新体系本土化，就不能排斥引进的外来产业和方法模式，同时要注重小镇内部创新人才的培养，找到小镇的创新源泉，在小镇中建立循环的创新体系。

第四，小镇的绩效评估要做到精细化、全球化。特色小镇相当于一个大城市中的精英区域，它对城市的其他板块的精益求精和更新迭代都有着引导作用，在精准治理过程中要重视绩效评估环节，使其保持精英水准，持续领航。

因此，特色小镇的精准治理也需要非常精准的绩效评估体系，这一评估体系要贯穿特色小镇的建设完善和日常运营过程，要常态化、滚动化，并且这项评估体系要比肩国际潮流，特色小镇中的居民生活生产水平都要达到发达国家一线城市的发展水平。

（三）基于“五大”发展理念下的特色小镇建设

中华人民共和国国民经济和社会发展第十三个五年规划时期是全面建成小康社会决胜阶段。中国共产党第十八届中央委员会第五次全体会议提出，实现《中华人民共和国国民经济和社会发展第十三个五年规划》发展目标，必须牢固树立“创新、协调、绿色、开放、共享”的新发展理念。这“五大”发展理念是当代中国新版的马克思主义政治经济学，覆盖经济社会各个方面，当然也要覆盖特色小镇建设。特色小镇是我国供给侧改革的重要载体，是一种为冲破经济发展阻滞并进行更新转型的有效方法，是一种在经济“新常态”背景下促进区域经济发展的新型产业组织形式。要想使特色小镇得到可持续发展，就必须坚持“五大”发展理念，依靠“五大”发展理念进行小镇的建设和发展，在小镇建设培育的方方面面都体现出“五大”发展理念的要求。

1. 坚持创新发展：打造引领特色小镇发展的强劲动力

在中国共产党第十八届中央委员会第五次全体会议上，创新发展被列为“五大”发展理念之首，创新也被强调为引领发展的首要驱动力。特色小镇的建设培育必须以创新为核心和重点，既作为创新的起点，也作为创新的结果。在特色小镇的建设及日常运营中必须将创新发展理念全面落实到方方面面，将创新放在特色小镇建设的中心位置。

（1）要创新产业

特色小镇的建设培育要做到“三位一体”“三生融合”“三化驱动”，集产业、文化、旅游三者为一体，融合生产、生活、生态，以工业化、信息化、城镇化来推动创新实现区域建设，将特色小镇建设为同时满足产业、居民和游客需求的宜业、宜居、宜游的创新产业高地、良好居所和旅游胜地。特色小镇的“特色”是其生命之本，产业是其发展依托，小镇要创新利用当地资源，建设小镇自身的产业创新体系和特色风格。特色小镇是分块状经济、产业集聚发展的产物和结果，体现了区域经济从以投资为驱动力向以创新为驱动力转变的要求，是一种新型的产业组织形式。

（2）要创新制度

当前特色小镇的建设已经有了一系列指导方针战略，但与其密切相关的配套指导性规划体系和创新实施机制还没有到位，限制小镇的健康有序发展，特色小镇同时创造供给和需求，但是由于创新体系不完善，还有很多问题在限制城镇化发展。一些城市在土地、就业、财税、投资融资、社会保障等制度方面急需改革，这些关键领域和环节的改革滞后严重限制了小镇的公共资源配置流动和生产要素的合理优化。产业是特色小镇发展建设的依托，因此特色小镇的产业选择具有重要意义，关系到小镇是否能够可持续发展，所以要建立科学的产业选择决策机制来进行特色小镇的产业选择，确立产业选择的两个基本方向要考虑区域竞争力和产业发展潜力两个维度，选择产业产品时要避免选择科技含量低、附加值低、品质低以及消耗投入高、污染高的产品。小镇建设培育所需的体制机制要做到对特色小镇的创新企业发展、技术进步更新、人才培养引进、生态环境保障、文化融合持续不断地激励，遵循由政府引导、由市场指导运作和企业参与支撑的原则，进一步强调特色小镇在规划引导、培育产业和保障要素方面的重要作用，在特色小镇的资源配置中以市场为关键，发挥其决定性作用，同时也要发挥好政府的引导作用。

2. 坚持协调发展：增强特色小镇整体发展的综合实力

坚持协调发展，使特色小镇成为区域和城乡发展的主要推动力，协调是实现特色小镇可持续发展的必然要求，协调发展是特色小镇能否成功的决定性因素，特色小镇协调的职能和功能由其目标定位和创新要求决定。

（1）推进“五位一体”协调发展

中国共产党第十八次全国代表大会报告指出，建设中国特色社会主义，总体布局是经济建设、政治建设、文化建设、社会建设、生态文明建设“五位一体”。只有坚持“五位一体”建设全面推进、协调发展，特色小镇才能形成良好的发展格局。在特色小镇建设中坚持协调发展的关键是，在坚持经济建设的同时，促进与文化建设、社会建设、生态文明建设的协调发展。特色小镇要坚持协调发展，就要对三大结构、三大环节、三大动力、三大布局和三大主体进行统筹规划，三大结构是空间、规模和产业，三大环节即规划、建设和管理，三大动力为改革、科技和文化，三大布局指生产、生活和生态，三大主体是政府、社会和市民，要协同统筹，合理布置城镇空间，引导劳动力等生产要素合理流动。

（2）推动城乡协调

特色小镇是破解城乡二元结构、改善人居环境的重要抓手。中国城市化进程快速发展带来的交通堵塞等“城市病”已经十分显著，农村的公共服务也得到了很大发展。特色小镇是一种集“产、城、人、文”四位于一体的新型空间组织社区。特色小镇是一项以城乡统筹发展为目标的重大决策，特色小镇具有产业、文化、旅游和社区四大功能，具有生活成本低、交通疏通便捷、空气质量高、自然环境优美的特点，具有位于城乡结合部的地理位置优势和以步行为主的职居平衡优势，这些都是特色小镇与城市经济联系沟通的资本，特色小镇通过引进承接资本、引入技术人才等高等生产要素，使自身的综合竞争能力得到提升，对小镇周边的经济发展起到带动和指导作用，促使传统行业密集的“块状经济”转型升级，加快推动美丽乡村建设的进程。同时要保障城镇化进程中农村人口的体面就业问题，克服城乡二元体制之间的资源环境、基础设施和公共服务的差异带来的制约和矛盾，要加快城乡融合和关联进程，推动城乡一体化进一步发展。

3. 坚持绿色发展：追求特色小镇生态文明的永续发展

“绿色”是实现可持续发展的必然要求和人们对美好生活的期望，是一种对于持续发展的追求和再认识。在建设特色小镇时要注意践行“绿水青山就是金山银山”的重要理念，要建设环境友好型、资源节约型特色小镇，就要坚持绿色发展，在建设过程中要减少资源消耗和污染排放并提高经济效益。

（1）发展绿色环保产业

在特色小镇的产业布局中鼓励节约资源，推动绿色经济和低碳经济，充分体现绿色发展理念与发展导向，引导形成现代服务业、高新产业和绿色低碳产业。在选择特色小镇的产业时要选择环境友好型、资源节约型的产业，加强绿色发展对于经济增长的推动作用。特色小镇的发展要瞄准高端产业，避免选择产品和项目时的低层次重复行为，防止房地产和大型商业体投资比重过大对小镇的主要产业竞争力造成损害，影响特色小镇的核心竞争力，避免对短期政绩的追捧和只注重形式主义而造成的资源浪费。特色小镇的发展方式要实现由粗放式、外延式向集约式、内涵式的转变，防止出现上述问题带来的产能过剩问题。

（2）加强环境治理和防护

特色小镇建设过程中，环境综合治理和生态保护修复是绿色发展的应有之义，也是绿色发展的重要抓手。在特色小镇中加大环境综合治理力度，创新环境治理理念和方式，实行最严格的环境保护制度，强化排污者主体责任、环境综合治理需制度先行，制定高标准的工业污染物排放标准，全面推行清洁生产，对超标、超总量使用有毒有害物质的企业实行强制性清洁生产审核。

（3）倡导绿色低碳的生活方式

在特色小镇的建设过程中，要倡导勤俭节约、绿色低碳、文明健康的生活方式和消费模式，增强小镇居民的环保意识，养成低碳的生活方式。要使小镇的生活方式和消费模式向绿色低碳化转变，就要对小镇的公共交通进行完善，倡导居民低碳出行；要利用好当地的自然资源，建设智能高效、节约集约的公共基础设施，构建有山有水的生态城市、田园城市、海绵城市。

4. 坚持开放发展：拓展特色小镇合作共赢的空间

特色小镇要想繁荣发展，就要做到“开放”，要在进一步理解对外开放理念的基础上不断提高对外开放水平，使特色小镇内部的国内外高端要素顺畅流通，资源得到高效配置，市场得到深度融合，对经济顶层进行统筹开放式设计。

（1）推动思路和视野的开放

学习其他国家建设特色小镇的经验，能够为我国的特色小镇建设提供差异化和特色化创新思路，我们应以包容的学习态度借鉴成熟的特色小镇发展经验，例如，位于美国的格林威治对冲基金小镇、位于英国的弥尔顿·凯恩斯小镇、位于法国的格拉斯小镇以及位于瑞士的达沃斯小镇，都是我们可以进行经验借鉴的特色小镇。

（2）推动建设模式的开放

在建设特色小镇的过程中要保持包容和开放，积极引进各种市场主体参与对小镇的建设，以互利共赢、共同发展的开放战略和政府引导为基础，进行范围更大、层次更深、质量更高的投资引进，吸引跨国大型公司、大型国企和已上市企业来特色小镇投资。在推动特色小镇开放型经济进一步发展的过程中，要做到进一步的对外开放，既要“引进来”，也要“走出去”，适应并坚持经济社会发展深度融入趋势，例如在建设小镇的公共基础设施和完善公共服务时，政府和企业可以合作建立项目库和建设新模式，为政府减轻财政压力的同时，也为民营资本的投资提供一个互惠互利、平等共赢、共担风险的渠道和经营机制。

（3）推动人才资源的开放

留住人才的小镇才是真正的特色小镇。特色小镇能不能成为价值洼地，不仅要看硬件条件，更要看软件条件，软件条件最重要的就是人才。相比大城市，特色小镇真正的竞争力是能够为居民创造宜居、低成本的自然和人文环境，因此特色小镇要避免在以往城镇化建设中广受诟病的“千城一面”。在特色小镇建设中完善人才引进、培养、评价、使用、激励、管理等系列政策，以各种各样的方式引进各类高层次人才，汇聚智力要素，依托小镇的优质资源将小镇打造成一个良好的人才创业高地。

5. 坚持共享发展：促进特色小镇发展的公平正义

“共享”是要共享改革、创新、发展成果，是中国特色社会主义的本质要求，对特色小镇的向心力、凝聚力和创造力都有很大的推动作用。

（1）完善公共服务共享

要在特色小镇的建设过程中贯彻落实共享理念，就要做到把改善民生放在首要地位，重点提高民生质量和民生工程质量，在小镇建设过程中加快推动基本公共服务的均等化，在文化教育、社会保障、就业和医疗卫生等领域都要对民生进行改善，努力将基本民生保障扩大到方方面面，要改善公共交通、水电热气供应设施的建设，加强基础设施和公共服务设施的建设，重视城镇的智慧化建设和应急管理及治安建设，提高小镇的综合承载能力和综合管理水平。要缩小城镇的贫富差距和收入差距，突破“库兹涅茨拐点”反映出的收入差距与经济发展关系变化问题，避免踏入“中等收入陷阱”。

（2）推动发展平台共享

特色小镇的共享发展理念是发展方式、发展动力和发展过程的全程共享，当前要整合并分享小镇内的产业、人才和服务资源等信息，利用大数据管理经验为小镇内的领军型企业、大企业管理人员、初创企业、高校毕业生，以及科研人员创建一个能够实现各类市场主体共享资源、信息外溢和技术扩散的信息共享和特色交流平台，创造便利条件，降低发展成本。

（3）在共建中共享

要鼓励小镇居民参与小镇的建设，在特色小镇的建设过程中充分尊重小镇居民的意见和建议，凝聚小镇居民的共同努力，提高小镇居民的归属感和参与感，摸索出一套真正适合小镇的自我管理模式，为小镇营造出一种完美舒适如天堂般的环境。

（四）习近平生态文明思想指导特色小镇建设

在特色小镇的建设过程中，要在经济、政治、文化、社会等各方面和发展培育的整个过程中贯彻落实生态文明建设，要挖掘习近平同志在生态方面的重要讲话中的深层思想理念，以生态文明建设思想的深刻内涵为建设特色小镇的有力行动遵循。特色小镇的生态文明建设的核心表现在以下几方面。

1. 生态经济观：绿水青山就是金山银山

绿水青山就是金山银山是一种解决自然与经济发展关系的绿色生态经济观，帮助推进自然与经济之间的“两难”关系向“双赢”关系发展，最终实现人与自然、社会、经济三者的互利共生，要实现这种转变，就要摒弃原有的传统发展模式中的弊端，在过去的经济快速增长时期，我们一味地强调经济增长的速度和效率，忽视了生态建设，从而引发了经济发展和生态建设之间的矛盾。习近平同志将国民经济的发展比作金山银山，把生态文明建设和环境保护比作绿水青山，用形象的比喻对生态文明建设和环境保护之间的问题进行探讨，目前，国民经济的发展受到了经济发展中的高污染、高能耗、高成本问题的严重制约。习近平同志在浙江执政时期就已经提出了“绿水青山就是金山银山”这一重大理念，在浙江西北部安吉县考察之后在《之江新语》中充分阐述了“绿水青山就是金山银山”的辩证关系，要实现人与自然、社会、经济的和谐，就要做到既要金山银山，又要绿水青山，浙江省依山傍水，环境优美，拥有一定的自然环境优势，他指出要把握住当地的自然环境优势，将其用于发展生态农业、生态工业和生态旅游等生态经济发展项目上，这样就能做到人与自然、社会、经济和谐相处，将自然资源优势转变为生态经济优势。

生态资源和生态优势在一定条件下可以转变为经济财富和经济优势，由此习近平同志提出了“生态系统休养生息论”，使在高速的经济发展环境下被过度使用的资源环境得到休养生息，使森林、湖泊等绿色生态环境空间和绿色发展容量得到恢复，形成生态保护和经济发展二者和谐共生的情景，建设美丽中国。要想实现经济社会可持续发展，良好的生态环境是必不可少的，在一定的条件下，绿水青山就是金山银山，生态资源也能带来经济资源，使经济发展和环境保护都有光明的发展前景。在建设特色小镇的过程中，要时刻牢记“绿水青山就是金山银山”这一绿色发展理念，在根本上缓解自然环境的压力，实现经济增长与资源环境保护的和谐发展。

2. 生态政治观：生态文明也是政治问题

随着生态环境问题的不断凸显，生态环境的保护在政治上也引发了越来越多的关注。习近平同志以敏锐的眼光对政治与生态的关系进行了审视，揭示了生态文明建设对于维护政治稳定局势的重要作用，他在对中国特色社会主义事业“五位一体”进行总体布局时，将生态文明建设放在了首要位置，要加快推进经济发展方式的转变、经济发展动力的转换和经济结构的优化。所以我们不能把加强生态文明建设、加强生态环境保护、提倡绿色低碳生活方式等仅仅作为经济问题，也是政治问题。

由此可见，生态环境问题不仅仅是一种经济问题，因为经济集中反映了政治情况，这也就是说，经济问题和政治问题是密不可分的，政治问题也是经济问题，所以生态环境问题还关系到社会和政治问题。2013 年 9 月 23 日至 25 日，在河北省委常委班子专题民生生活会上，习近平同志特别指出了环境污染对于人民群众身心健康以及党和政府形象的严重不良影响。在之后的一系列生态环境保护与生态文明建设方面的讲话中，也作出中国的承诺，中国会承担起相应的生态文明建设任务与国际责任，不断同世界各国的生态文明建设工作进行深入沟通和交流合作，做到成果的发展和共享，和世界各国一起对建设美丽“地球村”而努力。对生态文明建设做出一张完善科学的发展蓝图，在政治生活的方方面面和整个过程中逐渐融入生态文明建设理念，政治体制改革对于保障社会事业顺利进行具有重大意义，它是改革发展全局中的政治保障。就目前的全球政治形势来看，对中国共产党人最大的执政考验就是生态文明建设。党和国家要始终全心全意为人民服务，坚持情系百姓、维护人民权力、为人民谋福利、立党为公、执政为民、始终坚持保护环境和节约资源，实现资源节约型和环境友好型社会的建立，保障特色小镇的建设。

3. 生态民生观：良好生态环境是最普惠民生福祉

生态环境对人们的幸福指数的影响日益加大，环境问题日益凸显，逐渐成为人民群众所关心的民生问题。正如人们所说的，人民群众过去"盼温饱""求生存"，现在"盼环保""求生态"。生态文明建设是人民民生生死攸关的大事，环境就是民生。生态环境联系着人民群众生活质量和社会的和谐稳定，生态环境的问题就是民生的问题，保护生态环境就是改善民生。习近平同志深刻体会到生态环境保护与民生问题的紧密联系和保护生态环境的重要性，在社会建设中要十分重视生态文明建设和生态环境保护问题。

我们应将全球气候变化这个契机对我们的挑战变为机遇，由被动变为主动，将我国从"制造大国"向"创新大国"推进，推动绿色低碳经济成为发展高地的新平台、新理念和行动力，确保资源能源安全，努力提高综合国力和国家形象，维护国家合法权益和利益，在国际环境中营造一个负责任的大国形象。坚持国家发展战略，持之以恒，日积月累，不断为中国在国际和国内两个大格局的发展开拓空间、积累经验，贯彻落实为人民发展、靠人民发展、与人民共享发展成果，将绿色生态文明融入中华民族的文化之中，建成特色小镇就是其中十分重要的一个环节。

4. 生态法制观：实行最严格的生态环境保护制度

国家的事情，制定法令并不困难，难的是认真切实地贯彻执行；听取群众意见也不算难，难的是让群众的意见实际生效。法令得以实施，国家就能长治久安，法令实行松弛，国家就会动荡不安。我国的生态文明建设的相关制度体系还不够完善，相关的法律法规也比较松弛，因此在治理生态环境问题时就要以最严密的法治和最严格的制度去实行，以推进生态文明制度的建设与完善。一般来说，生态法制观是基于生态文明建设对人们日常行为进行引导、规范和约束的相关法治方式和制度的综合，包括原则、法律、规章、条例等正式制度和伦理、道德、习俗、惯例等非正式制度。我国的生态文明建设是一场关于生活生产方式、思维方式和价值观念等涉及众多方面的革命性、根本性社会变革。生态文明建设的主要阵地就是生态文明制度的建立，生态文明制度具有根本性、稳定性和长期性，是解决生态问题的根本任务。制度建设对推进生态文明建设有着重要的作用，是生态文明建设水平提高的重要推动力和支撑，保障生态文明建设水平的提高。特色小镇的建设过程中也有生态法制观作为全程的保障。

第二节　体育特色小镇的内涵界定

一、体育小镇的内涵

体育小镇的发展支撑为体育与旅游及其他相关性行业的融合，基础依托是服务配置和配套设施，目标是提高居民的生活水平和幸福指数，是一种以聚集广阔就业市场和广大体育休闲消费群体为主要驱动力、以创新管理、金融和运营模式为保障，以当地居民和游客的居住建设为居住配套的融合发展模式。体育小镇融合了体育健康、旅游休闲、文化及养老等各种产业，涵盖体育特色小镇、运动休闲特色小镇和体育健康特色小镇等多种特色小镇类型，融合健身、娱乐等多种功能，深度融合了生产、生活和生态环境。体育小镇以完善的体育设施和公共服务为发展基础，以体育产业为发展重心，以体育项目为载体，是一种能够整合创新资源并转化创新成果的具有独特气质和风格的特色经济区域。

在体育小镇的产业开发过程中，要以体育产业为核心，把体育旅游、体育影视作为发展特色，产业发展体系以体育产业服务为延伸，注重整合体育产业链，通过利用高科技手段强化服务、推动体育用品的需求和供给，通过赛事、体育休闲项目等“体育＋”项目，吸引资源，将体育与科技、文化、旅游等融合发展。

总的来说，本书认为，体育小镇的发展建设以体育产业为核心，以聚集就业人群和体育消费群体为目的，依托配套公共服务设施促进产业之间的融合，是一种把提高小镇居民获得感和幸福感放在首要位置的产城融合发展模式，充分发挥了体育行业对小镇其他行业的带动和指导作用。

二、体育特色小镇的内涵

（一）体育特色小镇概念

2016 年 9 月，由江苏省体育局发布的《省体育局关于开展体育健康特色小镇建设工作的通知》中说："体育健康特色小镇是以体育健康为主题和特色，体育、健康、旅游、休闲、养老、文化、宜居等多种功能叠加的空间区域和发展平台"，专业人士指出，体育特色小镇具有明确的产业定位和文化内涵，可以满足人群在休闲旅游和娱乐方面的需求，是一个有着巨大作用的社区型空间发展平台。

伴随着中国科学技术的进步和人民生活水平的显著提升，我国现在的社会矛盾也发生了变化，人民对美好生活的追求越来越高，对休闲娱乐有需求的人也越来越多，开始花费更多的时间进行娱乐、健身等，在此背景下，建设体育特色小镇非常有必要。体育特色小镇不仅能够吸引群众，带动当地经济发展，还能够促进全民健身，提高全民身体素质，是我国体育休闲健康产业发展的新载体。

体育特色小镇采用的是融合了体育产业、旅游产业和新型城镇化发展的产业发展模式，小镇的特色是根据当地的环境特色、区域景观和气候特点来选择并建设发展的，可以起到促进当地体育产业和区域经济发展的作用。

（二）体育特色小镇的特征

1. 小镇体育产业特色鲜明，有完整的支撑体系

体育特色小镇集健康、文化、金融、休闲、互联网等于一体，由特色体育产业引领，由体育特色产业、旅游产业和智慧化互联网三个部分相融合，以体育产业链整合、旅游目的地、新型城镇化为主要支撑，形成一个完整而规范的产业发展体系。

2. 小镇建设规模小，形态美

与大型城镇不同，体育特色小镇通常规模并不大，并且小镇各个景点和项目相对集中，这些区域内的自然景色优美、文化特色显著，在此基础上增

加体育项目并进行适当改造，既可以起到突出体育特色的作用，又能够贯彻可持续发展的方针政策。

3. 小镇功能聚合度高，专业性强

体育特色小镇将生产、生活和生态的“三生融合”作为发展重心，始终保持“产业、城镇、人口、文化”四个因素相融合，发挥特色小镇的产业、文化、旅游、社区四大功能，以体育产业和旅游产业两种产业为驱动力，推动我国经济社会可持续发展。

4. 小镇特有的运营和开发机制，敏捷灵活

由于体育特色小镇本身和其他普通城镇的发展有本质的不同，因此在对其进行开发、运营和管理时，运行的机制与方法也不同，其有更明显的市场化特征，并且具有很强的包容性，能够接纳多种产业发展，促进了市场的多元化。

第三节 体育特色小镇系统的构成要素

一、体育小镇系统的理论脉络

自从我国于 2016 年制定了一系列与特色小镇建设相关的政策文件之后，特色小镇这一概念渐渐被人们所熟知，并且全国各个省市地区也开始纷纷开展特色小镇的开发与建设工作。在当前这个体育产业高速发展的时代背景下，如何实现体育产业与特色小镇的融合，建设体育特色小镇，是当前我国很多地区重点关注的问题。

建设特色小镇是经济转型升级和新型城镇发展的客观要求，是基于经济目标和资源禀赋构建的，且相对独立有明确导向的综合性发展平台。从这个意义上看，可以将体育小镇看作是相对独立又与周边环境有着紧密联系的大系统。而要让体育特色小镇这个大系统能够有效地运转，可以从以下几个方面着手：首先，关于区域空间方面，在对体育特色小镇进行行政区划的过程中，不进行严格的限制与区分，既可以是建制镇，同时也可以在开发区、旅游区与科技城等的基础上进行建设。主要任务在于将大量体育元素充分融入

这些区域中，并进一步强化这些区域的体育功能，进一步加大这些区域体育产业、体育服务业的发展力度，以打造一片相对集中的以体育为特色的项目链、产业群以及消费圈，进而发展成体育服务的新空间。其次，关于发展形态方面，要充分体现体育特色小镇"小"与"特"的特点，加大对生产、生活与生态三个方面的统筹与布局，充分实现产业、资源与服务的高效集聚，进而打造出一片生态宜居的以体育为特色的区域。最后，关于功能要素方面，体育特色小镇的建设需要在保留体育主体功能的基础上，进一步促进其产业功能的提升，同时还应该融合旅游、休闲、文化等多种元素，进而构建一个内聚成核、外联成网的小镇生态系统[①]。

二、体育小镇系统的构成要素分析

（一）体育资源

体育资源作为体育小镇发展的基础，其开发和利用决定着体育小镇所能发挥的经济能量，而资源能否转化为效益，关键在于能否实现体育资源的有效整合与合理配置，从而保证体育资源能够有效运用于重要的领域与环节中，进而形成区位影响力。2014 年 10 月 20 日国务院在《关于加快发展体育产业促进体育消费的若干意见》中强调，发展体育产业要注重统筹协调和改革创新，要充分发挥市场作用，引导健康生活，创造发展条件[②]。《关于加快发展体育产业促进体育消费的若干意见》还指出，要发展体育产业、促进体育产业消费，就要使体育产业的内容多样化，同时推动体育旅游、体育会展、体育广告和影视传媒等相关产业协同发展。

在体育小镇建设过程中体育资源的利用是重中之重，它决定了体育小镇的可持续发展，体育资源的开发不仅需要注重社会资金的引进、体育特色项目的建设，还需要合理利用体育小镇现有的体育产业、自然旅游以及体育人文等基础资源。

体育产业资源："在体育产业资源开发与利用过程中，应基于体育小镇

---

① 冯栋，陈刚. 创新打造体育健康特色小镇助力"强富美高"新江苏建设［EB/OL］. 2017-04-25.10.

② 陈刚，杨国庆，叶小瑜. 中国体育小镇建设纲要［M］. 北京：人民体育出版社，2017.

已有产业基础，创新体制机制、培育多元主体、改善产业布局和结构、促进融合发展。丰富市场供给。体育小镇应大力吸引社会投资，运用政府和社会资本合作等多种模式，拓宽体育产业投融资渠道，完善无形资源开发保护和创新驱动政策、加强体育品牌建设，推动科技成果产业化。这就要求体育特色小镇在建设过程中，应该把控好市场投资的时序与规模控制、融资的对象与政府扶持利用、体育产业与旅游运营的专业化导入、资金资本的投入与撤出安排，充分发挥体育与市场的桥梁作用。”①

自然生态资源：体育小镇建设过程中，应合理开发小镇现有自然旅游资源，以自然景观与生态景观为基础发展体育旅游业，进一步加大对热门体育旅游产品的生产、供给与创新力度，进一步加深体育产业与旅游业的融合，从而更大程度地增加旅游业的吸引力②。但是值得注意的是，由于体育旅游资源是不可再生的资源，所以在资源开发和利用的过程中，需要着重加强自然资源的保护与监管，保障自然旅游资源的可持续发展③。

体育人文资源："中国拥有强大的体育消费发展潜力以及体育消费人群，体育小镇对于体育文化资源的利用，一方面可以建立体育文化展览馆、民族传统体育文化博物馆等体育文化宣传场所，普及体育锻炼、体育健身的重要性，扩大体育小镇的消费人群，增加体育小镇经济效益；另一方面合理利用传统体育文化资源，发展传统体育运动特色项目，既可以作为体育小镇发展的特色主题，又能够突显体育小镇在民族传统体育文化传承与发展过程中的重要地位。”④

（二）体育设施

在我国城市建设的早期阶段，体育设施的公共服务能力主要体现在满足赛事的举办需求方面，与群众的日常生活相去甚远，可以说，早期的体育设施并不是人们日常生活中必不可少的资源。但是人们的精神文化生活需求和

① 陈刚，杨国庆，叶小瑜. 中国体育小镇建设纲要［M］. 北京：人民体育出版社，2017.

② 绿维创景. 体育小镇激活体育产业新蓝海［EB/OL］. 2017-01-20.

③ 于素梅. 小康社会的体育旅游资源开发研究［J］. 体育科学，2007，27（5）：23-35.

④ 陈刚，杨国庆，叶小瑜. 中国体育小镇建设纲要［M］. 北京：人民体育出版社，2017.

体育健身需求随着经济社会的不断发展也在日益增强，体育观念也发生了很大改变，体育设施在生活中也逐步成为一种必要资源，“体育即生活”“体育即民生”已经逐渐成为一种社会共识。

随着人们体育观念的改变，人们在参加体育健身的过程中，对健身环境也开始提出了更高的要求，落后的设施条件、单一的设施种类、不够齐全的配套服务水平、环境嘈杂的健身场所显然已经不能满足人们的健身需求，人们普遍开始追求更加丰富的体育设施、优质的健身服务以及良好的周围环境等，以便能够充分体验到体育健身所带来的美好体验，而体育小镇的建设正是以此为基点而应运而生的。

自从在我国的国家战略中加入“全民健身”这一理念，我国各地在建设体育设施时开始以群众需求为重点，强调建设适合群众的体育健身设备以满足当地群众的需求，所以体育特色小镇在建设体育设施时也要建设多种类型、多种功能的公共体育设施。在建设体育设施时，要合理利用当地的自然资源优势，运用“集聚——扩散效应”原理，根据当地的经济发展规律和地理条件对体育场地设施进行布局和建设。

使其形成一个能够供人们进行健身、娱乐与休闲等的网状空间结构①。故在体育小镇的建设中应当保证体育设施的全覆盖率，将其作为城市公共基础设施进行建设，从而推动全民健身运动、提升城市文化内涵和影响力。还需要在达到合理人均体育面积的基础上，重点关注能够举办国际国内大型赛事、从事体育活动的体育场馆、体育健身中心等室内体育运动场所的建设，以及体育公园、户外多功能球场、慢跑道、健身步道等可以从事体育活动的室外场地的建设，重点关注老年人、孕妇及残障人士的运动休闲需求，提供个性化的贴心服务，从而满足不同层次消费者的体育休闲和健身的消费需求。与此同时，政府管理机构也应该进行相应的转变，要改变以往行政管理的模式，采用公共服务管理模式，通过多种措施吸引、鼓励社会力量参与其中，构建一个由企业进行投资管理、政府进行宏观调控的管理模式，从而保证体育设施的可持续发展。

① 宋智梁，毕红星. 体育设施建设布局的经济地理学研究 [J]. 成都体育学院学报，2013（39）：111.

（三）体育项目

体育特色小镇是在全面建成小康社会进程中，助力新型城镇化和健康中国建设，以体育为主题所打造的具有独特体育文化内涵、良好体育产业基础的，集体育、休闲、健康、文化旅游、养老等多种元素于一体的空间区域[①]。在对体育特色小镇进行规划与建设的过程中，不可忽视的重要部分就是该小镇的体育项目选择，如何因地制宜地确定好适合当地发展的体育项目成了小镇规划的重头戏。体育项目的选择不仅事关小镇未来长期的建设运营，更关系到小镇能否吸引足够的人才资源和游客。

体育项目的遴选与培育应当充分考虑体育特色小镇的自然环境与人文环境，选择与小镇自然景观相适应、突显小镇文化内核的体育项目。体育特色小镇的体育项目还要能够突出现代生活品质，也就是说不仅要符合地域特点，还要考虑到消费者的特点。同时，体育项目的选择在一定程度上也要与国家政策推动相挂钩。

（四）体育服务

服务大众，让体育成果惠及民生是体育小镇创建的重要动因之一，而完善优质的体育服务是实现体育成果惠及民生的重要渠道。体育小镇如何回应大众日益增长、多元化的体育消费需求，提供优质体育服务是当前体育小镇创建的重要议题。

体育小镇，并非简单地将休闲、娱乐、体育项目集聚到小镇这个空间，更重要的是围绕着体育元素来为老百姓提供更加丰富多元的服务。在体育小镇的建设中，体育服务包含两个部分，一是公共服务，利用小镇公共体育设施，满足公民基本体育健身需求，适应公民体育健身活动的发展趋势，实施有基础性、针对性和高效性的服务；二是市场化服务，以市场运营为主要特色，提供体育练习、培训、训练、竞赛、活动、对外交流等产生大量消费行为的体育项目的服务。在满足体育公共服务的基础之上，体育小镇的发展还

① 李明琪．吉林万科松花湖冰雪小镇发展现状研究［D］．哈尔滨：哈尔滨体育学院，2019.

应着眼于体育与服务市场的有效结合，通过市场构建、吸引投融资，强化体育服务质量，提高大众体育消费意识，从而带动体育小镇的持续发展。

（五）空间系统

中共中央、国务院于 2015 年 5 月 5 日印发了《关于加快推进生态文明建设的意见》，意见中明确强调了未来生态文明建设需要强化主体功能定位，优化国土空间开发格局；促进技术创新与结构优化，促进发展质量的提高。建设特色小镇顺应了国家对于经济转型升级和城乡统筹等方面的政策导向，也是新型城镇发展的客观要求。故而，在体育特色小镇的建设中，需要对所在区域的资源环境承载能力、现有开发密度和发展潜力等要素进行综合分析，然后在此基础上根据当地自然环境条件、经济发展状况、生态系统特征、人类活动形式等具体情况，将体育特色小镇的所在区域划分成以体育为主体功能的地域空间单元。对体育产业发展布局、体育产业结构、进行整体布局、调整和规划，统筹兼顾，协调各产业之间的矛盾，进行合理安排，同时还应该做到因地制宜，扬长避短，进而形成体育产业功能区或集聚区。

同时，政府在体育小镇规划中，应充分优化体育小镇核心区域的生产、生活、生态空间布局，强化人口资源的集聚力和对体育特色产业发展的辐射力。对于体育小镇的布局需要注意体育特色产业的辐射范围，在一个区域内，不能重复建设相同特色的体育小镇，应充分了解本区域内的体育产业、旅游、人文、赛事、健身、休闲等资源基础，科学规划资源配置，坚持以合适的体育资源作为体育小镇的建设主体、其余体育资源为辅的建设理念，突出小镇特色体育资源的优势，使体育小镇做到“小而美”“特而强”，实现小空间大集聚、小平台大产业、小载体大创新。

（六）支持系统

一是产业支撑：以体育特色为核心的产业升级。体育小镇的生产力来源于“体育特色”，“体育特色”源于体育产业。而体育特色小镇的主要目标就在于充分发挥体育产业的优势，促进体育产业的升级与转型，以实现自身经济效益的提升，只有拥有足够的经济支持，体育特色小镇才能实现正常发展与运营，也才能创造更多的经济价值，因此，其最基本的支撑条件就是以特色体育为核心，对体育产业进行升级，而基于当地体育特色产业与区位资源的创新创业主体即为该系统的主要行动主体。

二是政策引导：以目标建构为核心的政府引导。作为体育特色小镇建设与发展的重要主体，政府主要发挥着重要的引导与培育作用，其主要任务在于通过制定相应的政策办法，为体育特色小镇的发展定位与发展目标提供重要的方向。所以说，政府在体育特色小镇发展目标制定的过程中发挥着十分重要的主导作用，扮演着领路人的角色。另外，在体育特色小镇建设过程中，政府通过对相关政策与规划的制定，为体育特色小镇的发展提供明确的指导意见，并将顶层设计落实到各个具体的指标上，同时在关键性产业的定位与发展中发挥着重要的主导作用，由此可以看出，体育特色小镇不只是经济转型升级的载体，同时也是推进政府政策供给侧结构性改革的重要载体。

三是社会参与：以共建共享为核心的多元治理。体育特色小镇并不是单纯地对区域经济进行升级与发展的试验区，不只是具有单一的经济功能，同时也是一个具有多种社会功能的新型平台，要想最大化地实现其功能，就需要实现“产业、休闲、健身、赛事、旅游、宜居”等多种功能的融合。作为一个发展整体，体育特色小镇的发展与运营需要各个主体之间相互配合、彼此适应与共同治理，既需要各个系统要素的共建，同时也需要各个主体能够对资源进行共享。作为众多主体中的最为重要的主体之一的政府，应该充分发挥自身的主导作用，在制定体育特色小镇发展目标、制定相关政策的过程中，应该做好顶层设计，同时还应该为体育特色小镇的基础建设与环境供给等方面提供足够的政策保障；另外，作为市场主体，政府在资源配置方面发挥着十分重要的作用，因而应该做好资源配置的优化工作；作为社会企业，是体育特色小镇建设中的行为主体，应该以创新与共赢为目的，积极构建资源互惠互利、共创共享的竞争合作机制；作为体育特色小镇发展的重要推动力，创业者与高精尖人才既是体育特色小镇文化的构建者，同时也是体育特色小镇文化的被影响者；体育特色小镇的当地居民，一方面在体育特色小镇的发展中受惠，另一方面也参与着体育特色小镇的建设工作，在体育特色小镇建设中，应该构建一个多元主体参与、以共建共享为核心的治理体系，并充分发挥其化解各方冲突、执行整合的功能。

四是文化引领：以体育文化支撑为核心的精神引力。在产业创新发展的过程中，文化发挥着十分重要的推动作用，是体育特色小镇建设过程中的重要维度。

另外，文化也不只是一种产业与资源，同时也是一种聚集人才的重要精神引力。因此，要想充分实现体育特色小镇在产业方面的“特而强”、形态方面的“小而美”，就有必要加强对文化支撑系统的建设。因此，只有在建设过程中充分展现体育特色小镇的文化特色，努力增强体育特色小镇的共同体凝聚力，才能使体育特色小镇得到可持续发展。

随着人文生态消费理念的改变，体育特色小镇的建设应该充分注重体育文化氛围的营造，加大对文化的多维度建设力度，以进一步提升体育特色小镇的吸引力与影响力。

当然，体育特色小镇的四大支持系统之间并不是彼此割裂的，它们之间有着十分密切的联系，彼此之间是相互支持、相互影响的关系。从更深层次上讲，体育特色小镇的产业支撑影响着政府引导，从而影响着政府在此基础上所做出的产业定位与发展规划；而政府所制定的政策又在很大程度上影响着各个参与主体利益的协调与资源的整合利用；多元主体参与的社会治理体系所构建的共建共享机制又促进了体育特色小镇文化支撑系统的产生与发展。

第四节　体育特色小镇建设的模式与意义

一、体育特色小镇建设的模式

在建设体育特色小镇的过程中，不同国家和地区要根据实际情况选取具体适合的发展模式，要考虑到体育特色小镇的周围环境、经济发展情况、优势要素和发展规划等差异性因素。特色小镇的建设模式可根据动力机制和空间布局分为企业带动模式、政府引导模式、优势农业模式、文化民俗模式、旅游休闲模式和健康疗养模式等多种模式，在特色小镇的建设中也不必只应用单一模式，也可综合运用多种发展混合模式（表 1-4-1）。

表 1-4-1　体育特色小镇的发展模式

序号	模式名称	主要内容	适用区域
1	企业带动模式	企业区位调整的一种特殊形式，是企业区位的再选择过程，优化农村地区产业结构，促进农村剩余劳动力就业	适用于有一定潜力和基础的地区、当地产业基础较好，企业配套能力较强，并且有充分的就业需求
2	政府引导模式	中央或地方政府依据相关的法律法规，在一定范围内向特定人群提供优惠和服务	适用于特殊的区域，有利于解决中低收入家庭困难问题
3	优势农业模式	具有明确的产业定位、文化内涵和优势资源，兼具产业、文化、休闲和社区功能的农业特色产业发展集聚区	适用于农业发展较好的区域，小镇不受行政建制限制，也不同于一般的农业产业园区，其主导产业特、农耕文化深、融合程度高、生态环境美、富民效应大
4	文化民俗模式	需要尊重历史和传统，从本地的历史出发，按照历史的脉络进行发展。特色小镇建设过程中，赋予文化内涵，需要观念更新	适用于传统文化比较浓厚的区域，真正赋予小镇文化内涵，彰显古镇文化驱动型经济特色
5	旅游休闲模式	通过旅游资源的开发建设，将旅游区的农民转化为服务人员、加工人员等，在形成人群聚集的同时，以产业为依托推动城镇化	适用于区位条件优越，旅游资源吸引力强的区域，完善城市空间和旅游功能分区，发展周末度假、小型会议、商务旅游、农家乐、农业体验旅游
6	健康疗养模式	传统健康观念注重的是身体方面，现代健康观念更加注重身心及社会关系全面健康。城市人口增加、交通拥挤、三废污染造成城市生态系统失衡，直接或间接对城市居民的身心健康造成威胁	适用于天然条件比较好的区域，当前越来越多的人希望到山清水秀、环境优雅、空气清新、配套服务齐全、独具风格的小城镇旅游、度假、疗养
7	多种动力机制和影响因素组合的混合模式		

（一）企业带动模式

近年来，我国大力倡导走绿色可持续发展道路，很多城市为了贯彻环保相关政策，增强城市经济软实力，将大型生产企业搬到了城市周边的郊区或者农村，这种生产组织方式的转变使得城市郊区或农村的经济发展有了新的助推力。一些农村为了给村民提供更多的就业机会，发展农村经济，制定了多种利好政策来吸引更多企业迁入。这与其说企业进行了搬迁，不如说企业的区位发生了变动，企业区位的变动在一定程度上反映出企业场地选择在市场中的地理位置，也反映出中国企业发展技术的进步。从地域范围来看，企业区位的变动包括区域内变动、跨区变动以及国际变动，从企业整体发展来看，企业区位变动又分为整体变动和部分变动，从区位变动的距离来看又分为短距离变动、长距离变动等。不论从哪种角度来审视企业区位变动，都可以总结出以下几个特点：第一，随着中国农村经济的不断发展，现有的生产组织方式、结构以及农村的生产环境等无法满足其发展需求，因此越来越多的农村企业开始进行迁移，区位变动频率较城市企业更高，虽然这样有利于农村企业的进一步发展，但在一定程度上为我国城乡协调发展工作增加了难度；第二，企业区位的变动距离有所衰减，很多企业考虑长距离迁移带来的经济损失以及人力消耗较大，多选择向近距离的周围地区进行迁移，跨区和国际区位变动较少；第三，企业整体迁移较少，多数企业选择对现有企业进行部分迁移，或者在现址上扩大企业范围，实施扩张性外迁；第四，企业区位变动具有多元化的特点，伴随着我国社会生产力水平的提高和科学技术的迅猛发展，我国的产业分布越发多元化，不再单纯以重工业为主，很多高新技术产业、轻工业以及服务业的数量和规模都在逐步增加；第五，企业家价值预期对村镇的集聚起着决定性作用。目前位于农村的大多数乡镇产业较为分散、集聚规模较小、没有明显的集聚效应，为了留住原有产业并引进新产业，当地的相关部门应该迅速采取针对性对策。

企业出现区位变动主要是因为企业的现有空间无法满足其发展需求，企业日益壮大，必须扩大规模或者将企业中具有特殊任务的部门独立出来。现如今，科技的快速发展和应用使得各个企业之间的竞争越发激烈，为了在市场中站稳脚跟，一些企业不得不对企业生产、运营等进行创新，同时寻求更好的发展空间。很多企业选择迁移至农村，是因为一方面农村土地面积较大，另一方面农村的资源较多，生产成本较低。企业带动型模式能够有效带动地区的经济发展，这是因为企业在生产运营过程中，员工和企业都需要缴纳相应的税费，这些税费能够为农村地区的经济发展起到助推作用。而且，企业的发展必然需要与其他产业进行合作，如电力产业、互联网产业等，进而形成服务产业链，在这个过程中，各个行业之间的商务活动必然涉及消费，这也进一步带动了农村地区的经济发展。充分利用农村的土地资源，加大土地规模化的开发利用，是体育特色小镇建设的一大方式。另外，新企业的引入对当地的产业结构也有优化推动作用。在欠发达的农村地区，急需这些新引进的劳动密集型的成长阶段企业。农村的先进产业以传统要素的优势为依托，相对来说数量较少。移入新企业能够推动资本、技术等匮乏要素快速累加并有利于农村形成新的主导产业，使农村开发新产品、提出新工艺、形成新观念来拓宽市场，在区域分工中得到更高的地位。

企业带动模式还能够为农村居民提供更多的就业机会，能够有效地利用农村剩余劳动力。很多农村劳动力的学历并不高，他们对先进知识与技术了解不多，在找工作时受到多重限制，而一些生产企业的基层工作对员工的学历以及知识技能要求并不高，这对解决农村剩余劳动力就业问题有着很大帮助，同时能够为企业降低运营成本。另外，招纳这些农村劳动力进入企业后对他们实施相应的培训与教育，有利于提高他们的专业水平，也是知识人才的再造。再者，企业的转移能够为农村建设、为特色小镇建设提供更多资金支持，也能够在农村物质条件欠缺的情况下为特色小镇建设提供更多基础设施资助，既有利于提高企业形象，又有利于促进乡镇发展。上面提到，转移到农村的企业为农民提供了就业机会，也提供了知识再学习的机会，这从更深层次来看，其实是带动了当地的教育发展，有利于为当地培养更多的人才。

综上所述，特色小镇的建设涉及多个领域、部门，在这个过程中能够实现政府、开发商和当地居民的共赢。

（二）政府引导模式

在不同的时期，国家、集体和市场扮演不同的角色，但是在特色小镇的建设过程中，国家政府、社会集体和市场扮演的角色就不是单一的和固定的了，它们所扮演的角色是相互交织的。

特色小镇在建设中，要积极转变政府职能，加大服务力度，确保土地、资金要素，也要及时开展招商推进工作，吸引有实力的投资主体深度参与从前期谋划到项目建设的各个过程，把企业的市场意识和政府的规划更好地结合起来。中央及有关部门大力支持特色小镇发展，政策支持力度正在逐步加大。各地都在提高对建设特色小镇的重视程度，广东省及一些市县迅速提出相关鼓励政策，展现出了特色小镇建设旺盛的生命力。但是在建设特色小镇时不能随波逐流，要避免“面子工程”所造成的资源浪费问题，在对特色小镇建设进行投资和规划时要注重政策的质量和水平，抓住政策规划中推动特色小镇发展的部分，在特色小镇所在地区不断增大改革空间和创新发展空间，实现特色小镇的健康、持续发展。

与企业带动模式相比，政府引导模式的特色小镇建设具有更加完善和有力的政策支持，政府部门由于特殊的性质，通常在资源配置和资源调度等方面具有更好的优势，这能够加速特色小镇建设目标的实现。除了资源优势外，伴随着社会经济的发展和社会的变革，政府部门的征税权力与征税能力都有了很大的提升，这意味着政府部门能够为特色小镇建设提供更多的资金支持。在金融方面，虽然金融已经实现了市场化改革，但是金融机构发放信贷的事务仍然在很大程度上受到各级政府的影响和制约，政府行政主管部门可以以政府信用作为担保，划拨股权、土地等资产来成立一个资产负债指标达标的足以融资的公司，由政府借贷对相关项目进行投资。财政借款方面，债务就代表着政府有了借债支出，这种中央和地方政府的巨大债务，也是中央和地方财政的当期支出和庞大的可支配资源。此外，地方政府还可以缴纳出让金，这也是当地政府的一项可支配资源。另一方面，政府拥有着为特色小镇建设制订相关政策的权力，具体表现在政府的行政审批制上，政府的政策制定关乎特色小镇的建设经济发展环境。在进行宏观调控时，政府制定的各项政策对整体国民经济发展和微观主体都有着直接影响和直接效果。我国东西部人口和资源都分布不均衡，没有政府的强力作用，一些老少边穷地区是很难依靠市场经济自发发展的，自发形成成熟良好投资环境的可能性微乎其微，这种不利局面只能由政府来进行有效转变。

（三）优势农业模式

农业特色小镇具有创新、协调、绿色、开放、共享五大发展理念和明确的产业定位、文化内涵和资源优势，集产业、文化、旅游和社区四大功能于一体，是特色小镇建设中的一种具有农业特色的产业发展集聚区。为了给农业供给侧结构性改革提供载体并推进农业特色产业向“强”“聚”“合”升级，可以进行农业特色小镇的建设。农业特色小镇具有特殊的主导产业、深厚的农耕文化、较高的融合程度、浓厚的“双创”氛围、优美的自然生态环境和显著的富民效应，其不受行政建制所限，规划面积一般只有3～5平方千米，核心区面积一般控制在1平方千米，与一般的农业产业园区不同，农业特色小镇的产业包括农业传统产业、生态旅游产业、特色优势产业、创意休闲产业等。目前游客们通过自驾游和亲子游等方式来到乡村住宿游玩，使乡村旅游得到迅速发展，成为持续火爆的热门旅游地点，农业特色小镇对于当地乡村小镇的农业、生态、旅游、生态环境、消费等都有很大推动作用。

在城乡一体化建设浪潮中，城镇的发展与农村的发展联系更加密切，二者相互影响。作为城乡一体化建设的新方式，特色小镇的建设为农业提供了更多的发展机遇。由于特色小镇多建在城市边缘，城市人民对周围农业需求量非常大，当地农民可以利用特色小镇这一中间体，将农业产业进行升级改造，做良心菜、放心菜，合理调整蔬菜价格，打造极具特色的农村小镇。不同层次的人民有着不同的生活需求，特色小镇在这中间能够扮演不同的角色，能够将城市发展与农村发展紧密联系在一起。随着计算机技术和互联网技术的不断创新发展，如今电商成为一种重要营销方式，电商的出现对人们的生活产生了巨大影响，特别是对农业的影响，使得农产品供应不再受时间与空间的限制，农民能够通过电商将农产品销往全国各地。特色小镇在建设与发展过程中应当充分抓住此商机，在特色小镇周边种植适宜生长的瓜果蔬菜，通过生鲜电商进行更广范围的销售。

很多地区的农业发展本身就具有很强的特色，特色小镇完全可以依靠农业本身而建设，充分利用当地的农业资源，对现有农业的品牌做进一步推广，并改进优化农产品的加工方式，将本地农业特色作为小镇特色持续发展。另外，特色小镇的建设在优势农业模式建设下，可以打造多层次产业体系，通过提供多种农业需求，如养老需求、乡村旅游需求等，实现小镇农业服务的多元化。

（四）文化民俗型模式

特色小镇的建设既包括物质方面的特色建设，也包括文化方面的建设。

每个地区都有不同的文化历史与民俗习惯，虽然很多地方看似相同，但是文化特点又有细微不同，不同地方的文化民俗也有差别，因此在建设特色小镇时应格外注意当地文化的深刻内涵，更新传统乡镇建设的观念。要想使特色小镇的文化内涵真正符合当地历史文化，不仅要深入了解和调查当地历史，更需要领导者、执政者改变传统观念，更新观念，改变政绩模式，将精力转移到民生建设上来，深入到群众中了解本地的实际情况，赋予特色小镇真正的文化内涵。特色小镇的建设要符合国家建设标准，要具有主导产业有特色、生态环境和谐优美、文化内涵有特色、服务设施完善便捷、运行机制灵活的特点。例如，广西贺州市贺街镇作为我国特色小镇建设的首批前锋之一，其建设过程的核心内容就是创新自然和传承传统文化。这个小镇具有 2 100 多年深厚的历史文化和延续千年的宗祠文化，以文化底蕴为依托，小镇运用创意经济理论着重发展创意文化产业和创新文化产品，以华夏寻根文化之旅、特色创意文化产业和健康养生为主打吸引游客，“互联网”思维是贺街文脉小镇进行传统农业经济转型升级、推动小镇以文化为经济驱动力的一种全新思维。

一是文化对旅游有着推动作用。每个特色文化小镇首先要做的就是遵循“市场文化 + 旅游景区 + 产业提升”的模式去寻找挖掘自身的文化特色，再在特色文化产业的基础上融入旅游资源等其他市场要素，对文化产品的内容进行创新和拓宽，形成一条文化产业、产品开发、旅游产业和市场运营四大业务群相互交流连通、共同发展的完整的文化旅游产业链；二是文化对小镇的建设规划有着优化提升作用。各个特色小镇要遵循统一规划、分步实施的原则，在全面考虑小镇的建设目标要求后对小镇的整体布局和建设进行统一规划，再进行分步实施。在特色小镇中分出旅游区、产业区、文化区、延伸区和体验区等建设分区，以突出当地特色优势为目标对小镇的功能布局进行建设和优化。这样不仅能拓宽当地的就业市场，还能通过建设特色小镇的景观绿化工程和山林植被有效改善当地的生态环境；三是文化也能吸引产业集聚。特色小镇强调区块概念，以产业为主体，运作机制市场化、空间边界明确，为产业发展提供载体，是一个非行政区划单元的创新创业产业集聚区，在特色小镇的建设培育过程中积累人才、技术、资本等资源，实现产业的集聚、创新和升级，做到在小空间内集聚多种产业，在小平台上连通各大产业，以小载体实现全面创新，为小镇经济发展提供新活力；四是进行区域经济的转变。区域经济的原有主要因素是物质、生态、环境等自生性资源，要将其转变为知识、技术、智力等再生性资源。摒弃原有的资源浪费、环境污染的经济增长方式，形成资源节约、环境友好的经济增长方式。实现城市经济形态的转变，将工业经济转变为信息经济、创意经济、总部经济、流量经济等知识经济新形态。在特色小镇的建设中要注重生态文明建设和文化建设，像贺街特色小镇一样以文化为经济驱动力、重视绿色生态环境建设。

（五）旅游休闲模式

旅游业因其不造成环境污染而被列为“无烟产业”，是一种现代化的新型社会产业。特色小镇可以对旅游资源重点开发，形成以旅游产业为主导的产业模式，以此实现对城镇化的推进。旅游业可以转变旅游区农民的身份，将他们由农民转变为服务及加工人员；旅游业可以同时集聚人群、消费、服务和产业，为城镇化打下以产业为依托的基础。旅游特色小镇可分为资源型小镇、区位型小镇和综合型小镇：首先是资源型小镇，这种小镇应该利用其具有强大吸引力的旅游资源进行深度开发，形成能够长久吸引游客的精品主线，如古镇、红色旅游等；其次是区位型小镇，这种小镇与资源型小镇相比，旅游资源质量一般不高，单凭旅游资源无法吸引游客，应该强调对该地区区位条件的优势利用，从对城市空间和旅游功能的布局和分区角度切入，对周末度假、商务旅游、农家乐及农业体验或小型会议等功能进行旅游开发；最后是综合型小镇，这种小镇同时拥有较好的旅游文化资源和区位条件，对于两种资源都要充分利用，对于旅游资源要加大宣传，打造区域旅游品牌，对于区位条件资源就要利用好良好的区位，选择性开发旅游业。

建设培育旅游休闲特色小镇有以下优点：一是可以对旅游产品体系进行完善，传统的旅游产品是单一的观光型，特色小镇的建设可以实现其向生态旅游和特色旅游转变。开发建设旅游特色小镇可以凭借各种各样高质量的旅游资源如自然风情、民居、红色旅游、民俗文化以及特殊需求等产品满足消费者对于所有类型旅游产品的需求，完善当地的旅游产品体系；二是可以促进地方经济发展，对小镇的旅游业进行科学合理的开发建设，就能推动农村富余劳动力的转移，促进乡镇企业和农村贸易发展，实现农村产业结构的优化和农村经济由原来的粗放型到集约型的转变。小城镇在开发旅游时可以选用一些投资少和见效快的开发形式，例如开办家庭旅馆、农家乐、民俗表演、向导等这些能显著提高当地居民收入的方式，这些形式所带来的示范作用必然会大大促进旅游业发展，在政府的正确引导下将对当地的经济发展提供巨大推力；三是能够提高当地居民的生活质量。小城镇的优美景色对于长期居住在纷繁喧嚣城市环境中的人们具有巨大的吸引力，当大量的城市游客来到这些远离城市而相对信息闭塞的小城镇时，不但引入了大量的资金消费，还能在言谈举止和举手投足之间展现现代城市文明的成果，通过对当地居民言行的影响进一步提高旅游地居民的文明素质和生活质量。

（六）健康疗养模式

《庄子·内篇》中说："知生也者，不以害生，养生之谓也。"这是养生一词最早被提出的文献。养生是一种有着延年益寿、强身健体、保持精神智慧功效的符合人体生命发展规律的科学理论方法。传统的养生包括生理层面的养生和心理层面的养生两个方面，生理层面的养生即养颜、养体和养老，心理层面的养生指的是养心、养性和养神。实际上，一个人的健康既包括身体健康，又包括心理和精神的健康，但是在过去，人们常常将健康视为身体健康，因此更多地追求无疾病困扰。现如今，人们对健康有了更深层次理解，越来越多的人开始关注心理健康和社会关系。而且，如今工业发展也更加成熟，城市化进程显著加快，这在提高人民生活水平的同时，也带来了诸多城市问题和环境问题，如交通拥挤、城市污染等，城市环境遭到了严重破坏，城市生态系统受到了严重威胁，人们长期在这样的环境中工作和生活，身体与心理都遭受了极大的威胁。在这样的环境下，人们开始向往空气良好、环境优美、配套服务齐全的乡村小镇生活，人们更乐意花时间、金钱来进行适当的疗养和度假。这反映了当前中国小镇养生旅游发展的趋势。

健康产业由三大业态组成，即休闲、度假、居住，涵盖休闲娱乐、生态农业、观光农业、健康养生等。围绕三大业态组成的"观光农业种植基地"

“养生产业基地”“温泉主题公园”“国际温泉酒店”“湖泊娱乐”等硬件设施，综合打造出以“人”为本的新型城乡一体化示范区。健康疗养模式可以综合地保护性开发地方资源，全方位发展地方经济，打造产业链；集三个业态的优势于一身，围绕核心产业，打造符合未来消费趋势、生活方式的生态。从消费者、农民、政府、企业全方位、多角度考虑，未来的业态增值潜力巨大；农民从土地上被解放成为居民；农业产业化使农民实现再就业；高附加值的农业升级使农民增收；农村建设成为特色（养生）小镇，带动区域产业发展和投资拉动，人口素质和精神面貌大幅度提升。

二、体育特色小镇建设的意义

（一）建设体育特色小镇有利于体育资源整合和跨界融合

资源整合是本身不具有经济价值，但是对其进行合理利用并整合其他资源时就能产生经济价值和社会价值的一种组织获取资源和培养能力的过程，要在特定的具体生产经营环境中才能有效发挥其价值。有研究表明通过整合体育产业与其他产业的内部资源，可以将资源转变为与其他企业竞争时的优势和企业的核心能力并显著提高组织创新业绩。目前我国的体育产业需要整合投入的人力、物力、财力资源及信息、时间资源以解决产业资源开发利用不足和缺乏与其他产业的融合性等问题，实现体育产业新产业形态的产生和其与其他相关产业的深度融合。国务院颁发的《关于加快发展体育产业促进体育消费的若干意见》强调，体育产业要通过加快与其他产业融合发展对体育产业链进行延伸同时拓展业态。体育特色小镇的建设过程中要注意体育产业与其他产业的资源整合和跨界融合，要符合体育产业发展要求和“生产、生活、生态”的融合理念，在投入方式和体育资源配置方面进行创新优化。政府和企业在体育特色小镇的建设过程中整合人才、资本、信息、土地、科技等资源，可以在产生新资源的同时实现资源获取成本的降低和运营效率的提高。在“互联网+”和我国不断深入的体育改革以及国家提供的政策红利的推动下，大量的相关产业资本涌入体育产业并与之进行融合，源源不断地产生新型业态形式。

产业融合和创新是使体育特色小镇保持生机和活力的动力，实现体育产业与其他产业和相关元素的融合，就能使体育特色小镇得到可持续发展。《关于加快发展体育产业促进体育消费的若干意见》明确提出了要推动体育产业发展的总体要求，要求在体育特色小镇的建设过程中要重视体育产业与其他产业的融合，要做到积极拓展产业形态，推动体育产业和健康产业的结合，鼓励产业之间的融会贯通。

体育特色小镇体现的是“体育”和“旅游”的结合，是二者的综合体和结合模式的典范，因此在体育特色小镇的建设过程中，要做到将体育产业与其他相关产业相融合，以产生更多的新型业态形式，源源不断地引入投资，将发展重心放在体育竞赛、表演和体育活动上，在旅游服务要素提供的载体上根据自身实际情况对技术、业务和市场进行融合，形成同时具有体育和旅游性质的新型发展业态。加大培养体育产业复合型人才，促进体育产业与其他相关产业的融合与合作，通过建造特色鲜明的地标建筑来提升小镇的知名度，通过开展户外冰雪运动等体育活动、开发特色小镇的体育旅游资源，形成特色小镇的特色产业链，加快特色小镇的体育产业与其他相关产业的融合，推动体育特色小镇的建设以及当地的经济发展建设，提高当地居民的生活质量和幸福指数①。

如今，人们在体育产业消费观念上也发生了很大变化，越来越多的人开始尝试和享受体育服务消费，人们愿意花钱体验有特色的、刺激的体育项目与服务，如滑雪、攀岩等，人们的体育消费水平在逐渐提高，消费级别也在提升，这意味着体育产业结构应当朝着更高级别发展，将当地文化、地域特色与旅游业等进行深度融合，保证体育消费的多元化，从而吸引更多的消费群体。就现阶段来看，我国体育特色小镇建设取得较大成就的多集中在江浙一带，该区域经济水平较高，人们的生活观念更为先进，对休闲娱乐的需求量更大，因此体育特色小镇更受欢迎，其建设水平也就相对较高。虽然我国在体育旅游方面已经做出了相应的努力，但是其发展水平仍然较低，建设体育特色小镇仍然有很长的路要走。相信在体育特色小镇不断发展与成熟的过

① 杨强. 体育旅游产业融合发展的动力与路径机制［J］. 体育学刊，2016，23（4）：55-62.

程中，体育产业本身的发展也会迎来更多的发展机遇，体育产业的发展离不开其他产业的支持与融合，这是其长久发展的必然趋势。

（二）建设体育特色小镇有利于推进体育产业供给侧结构性改革

体育特色小镇的培育和建设是一次政府在体育产业供给侧结构性改革的实践活动和在体育产业政策上的一次重大创新活动，提供了体育产业转型升级和结构优化的新方法。目前，我国体育产业的发展规模还不足以解决人民日益增长的体育需求与体育产业发展不平衡、不充分之间的矛盾，对我国总体经济发展的推动作用不大，还未拥有较为完善的产业布局和产业结构。“十三五”时期，推进体育产业供给侧结构性改革要求解决体育产业发展过程中的供给需求不平衡的问题并对体育产业结构进行完善和优化。体育产业供给侧结构性改革要对体育产业的制度、机制和技术等方面进行改革，以体育产业的供给端为切入点，实现对体育产业结构的完善和优化调整，通过对供给的合理配置和生产率的提高，使体育产业的资源得到最优化配置。在制度层面上，国家和政府对体育特色小镇的建设提出了规划，制定了土地、金融财政、税收价格、创新驱动和无形资产开发保护、人才就业、健身消费等各个方面的政策，为体育特色小镇的体育产业发展、转型和升级提供制度供给。在机制方面，在体育特色小镇的建设过程中要充分发挥政府的引导作用，利用市场机制来激发市场活力并对体育产业的发展机制进行创新，做到正确处理政府与市场关系，坚持简化政府职能、多主体行使权力、政策放宽和严控相结合、优化产业服务等原则，同时在建设体育特色小镇时要依靠人民，与人民共享发展成果，构建人人共享发展成果的机制。在技术层面上，体育特色小镇在建设过程中要以改革创新为主要驱动力，抓住“互联网+体育”的发展契机，促进体育产业与其他相关产业的融合发展和跨界合作，加强产业生产要素的市场化，在治理时形成政府、社会、市场等多元主体共同治理的格局。体育特色小镇建设的根本目的是推动产业经济发展，加快产业的集聚、转型升级和创新，并以此对地区经济甚至全国的社会经济发展起到推动和引领作用。体育特色小镇是一种推进产业创新升级的全新发展载体，是一种新型体育产业区域经济发展模块，其主要目的就是以体育特色小镇的特色产业为依托，以此对区域经济发展起到推动作用。在建设特色体育小镇的过程中，要结合当地的自然资源和人文条件发展体育产业和区域经济，探索能够加快体育产业转型升级的新型产业态势。体育特色小镇的建设是一种新的探索和升级，也是体育产业供给侧结构性改革的一次全新实践。在全民健身的环境下，体育运动的常态化、休闲化和全民化让体育特色小镇能够将体育产业与旅游等其他相关产业相结合，让人们在进行体育旅游的同时，也能体验各种体育项目为身体带来的休闲健身效果。新时代体育产业的发展很大程度上将以体育特色小镇为主要载体。

目前，我国体育产业的整体结构和布局还不够合理，体育用品业在我国体育产业结构中占比在 70%以上，而体育服务业在体育产业结构中占比不足 30%，与发达国家有明显差距。体育服务业应当是体育产业的主体产业，建设体育特色小镇可以为群众提供多层次、多种类的体育服务，提高体育服务业在体育产业中的主体地位。我国人民群众的体育消费需求由最初的实物性消费，向体验性和参与性消费转变，体育产业发展模式也随之转变，为满足全国人民群众更高端化的体育消费，体育特色小镇在全国兴起。不同类型的体育特色小镇展现出各自不同的特色，与普通的产业园区不同，体育用品制造业在体育特色小镇中基本不存在，所提供的体育产品以体育服务为主。大力发展体育服务业，可以增加体育产业的有效供给，提高体育服务业在体育产业中的比重，优化体育产业结构，促进体育产业结构转型升级。

目前，我国体育产业中的体育用品业和体育服务业在体育产业中的占比十分不均衡，体育用品业所占比例在 70%，体育服务业占比却不足 30%。

“十三五”时期，国家以足球改革作为突破口，大力发展“三大球”，挖掘体育产业发展潜力，发展冰雪、水上、户外运动，在全国建设起一批具有鲜明特色的体育小镇。据统计，全国足球小镇多达二十个，冰雪小镇十余个，且集中在东北和京津冀地区，马拉松小镇近十个，极大地满足了群众的体育消费需求。在供给侧结构性改革背景下，去除体育产业的无效供给，减少低端供给，增加有效和高端供给，是推进体育产业供给侧结构性改革和满足群众多样化、多层次体育需求的内在诉求。当前，我国体育旅游业发展处于初级阶段，体育旅游在我国旅游业规模中占比仅 5%，而发达国家体育旅游业占旅游总规模的 25%，我国体育旅游发展潜力巨大，有广阔的发展前景。体育产业是健康休闲产业的中坚力量。体育特色小镇将体育产业与旅游产业的融合作为创新方向，增强了体育旅游的趣味性和体验性。体育特色小镇是我国体育产业科学发展、创新发展、健康发展、可持续发展的战略选择，它可以整合体育产业中的中高端要素，推动我国体育产业创新升级。

（三）建设体育特色小镇有利于助力体育扶贫工作

党的十九大报告指出："民生领域还有不少短板，脱贫攻坚任务艰巨，城乡区域发展和收入分配差距依然较大。"体育特色小镇的建设正是推动我国新型城镇化战略发展、供给侧结构性改革以及推进脱贫攻坚工作、改善民生的重要举措。体育特色小镇在江浙发达地区呈现出良好的发展态势，在我国贫困地区，同样可以依托体育特色小镇的建设来改变贫困的面貌。体育扶贫是我国扶贫战略的重要组成部分，是打赢脱贫攻坚战、实现共同富裕和全面建成小康社会的重要方法之一。体育扶贫的首要目的是保障我国公民的体育权和发展权，最终目的是发展社会经济，提高贫困地区人民的生活水平，增加贫困人口的收入。

建设体育特色小镇，是体育扶贫的直接体现，也是助力体育扶贫的一大亮点。学者段鸿斌认为，体育扶贫是指国家通过实施特别体育政策，履行"发展体育运动，增强人民体质"的法律义务，从而保障贫困地区公民享有现实的体育权利或接近全国同等水平。建设体育特色小镇是精准扶贫的一种形式，依托当地自然人文条件，利用特有的自然资源，发展体育特色项目，发展经济，探索扶贫开发工作新思路，为我国脱贫攻坚助力。建设体育特色小镇，直接促进了贫困地区经济社会发展，拉动体育产业促进经济增长，降低国家扶贫支出的成本，能够为城镇经济社会发展增添新动力。

每位公民都有锻炼身体的权利，体育权不应该被剥夺，体育特色小镇的建设能够有效保障公民这一权利，对丰富农村群众的生活，促进社会稳定、健康发展具有重要意义。体育小镇建设不但为农村经济、农村产业结构带来诸多益处，还在很大程度上改变了农民的精神面貌与体育观念，给更多人带来了解、接触和体验体育的机会，有效增强了农民的体育意识，培养了农民的体育精神，这种教育意义更加深刻。另外，体育特色小镇的建设在扶贫方面还体现出文化扶贫这一特点，有利于帮助贫困地区进行精神文明建设，让更多的农民接受现代化观念，对社会的文明、和谐具有很大贡献。另外，由于体育特色小镇的建设需要当地党员干部的支持，在这个过程中能够有效激发党员干部的干劲，为党员干部树立脱贫的信心。对于普通群众来说，通过参加、体验体育锻炼与体育项目，他们的身体可以得到锻炼，在一定程度上放松身心，缓解生活压力，有利于人们的心理健康，提升人们的愉悦感和幸福感。

很多贫困地区的群众文化水平和综合素质相对较低，无法为本地区的经济发展创造更多的价值，并且由于贫困地区条件较为艰苦，很多优秀人才更愿意到大城市去发展，愿意为贫困地区脱贫而走进农村的人很少。而建设体育特色小镇则刚好能够为当地农村吸引人才，吸引更多的消费群体，进而带动当地经济发展，加快当地脱贫的步伐。体育特色小镇的建设还能够为当地人民提供更多的就业岗位和机会，激发人们工作的热情与信心，提高自身增收致富的能力，避免人们出现懒惰的思想。

（四）建设体育特色小镇有利于推动新型城镇化进程

在国家政策的积极支持和引导下，体育特色小镇作为体育产业发展的新风向，对于推进新型城镇化进程发挥着重要的作用。2016 年 2 月，国务院出台的《关于深入推进新型城镇化建设的若干意见》中明确提出，要加强资金和政策支持，以人的城镇化为核心，推动特色小城镇快速发展。我国“十三五”规划纲要也指出，要因地制宜发展“产城”融合、特色鲜明的小城镇。新型城镇化是以城乡统筹、城乡一体、产城互动、节约集约、生态宜居、和谐发展为基本特征的城镇化，核心在于坚持生态环境不受破坏，农民利益得到保障，促进城乡一体化，实现公共服务均等化，促进城乡经济共同发展，实现共同富裕。新型城镇化具有强调民生、强调可持续发展、强调质量三大内涵。

体育特色小镇作为体育产业发展与新型城镇化相结合的产物，不仅是产业小镇，更是宜居的综合小镇，吸引了国家和社会对农村地区进行投资，促进了农村地区配套设施的完善，对于消除城乡二元结构，缩小城市与农村发展差距有着重要意义。建设体育特色小镇，一方面要完善现有公共基础设施，需要对公路、水利、电力、医疗、教育、机场、城市公共基础设施进行大量资金投入。另一方面要鼓励社会资本参与、发展体育特色产业，形成辐射带动效应，带动小镇周边区域经济发展。体育特色小镇具有产业集聚、要素调节、结构调整、文化传承等功能，在乡村和城市之间建设体育特色小镇，有利于生态、生产、生活相融合，在一定程度上可以有效促进城乡公共体育服务均等化，提高公共体育服务水平。在新型城镇化国家战略背景下，体育特色小镇建设迎来发展契机，全国各地将会不断涌现出更多形形色色的体育特色小镇。譬如，北京槐房足球小镇就是以足球改革为重要抓手，改造槐房村废旧厂房，建设了一批足球场地设施，形成国际足球小镇，进而推动新农村建设和新型城镇化进程。

体育特色小镇是体育产业与新型城镇化相互作用的积极成果，我国“十三五”规划纲要指出，要优化城镇化布局和形态，推动新型城镇化，加快特色小城镇建设。因此，体育特色小镇作为体育产业发展的新风向，在国家和地方政府的政策支持和引导下，在全国迅速发展起来。在传统城镇化进程中，土地和基础设施的城镇化是发展的重点，过度依赖土地支持，城市与城镇资源分配不均，忽略农民生活水平和经济利益，并没有实现“以人为本”。新型城镇化是以城乡统筹、城乡一体、产城互动、节约集约、生态宜居、和谐发展为基本特征的城镇化，是大中小城市、小城镇、新型农村社区协调发展、互促共进的城镇化。新型城镇化的核心在于坚持生态环境不受破坏，农民利益得到保障，促进城乡一体化，实现公共服务均等化，促进城乡经济共同发展，实现共同富裕。体育特色小镇作为新型城镇化的产物，有力地促进了农村地区配套设施的完善。在以人为核心的城镇化进程中，体育特色小镇与小镇周边地区共同发展，将体育产业做成可持续发展的创新型产业，优化了城镇布局，丰富了城镇化的形态。

既然要打造体育特色小镇，无疑要重点发展特色产业，但是需要注意与当地文化内涵的融合，结合生态自然环境因地制宜地进行建设，通过科学、适当的政策与规划来保障小镇的可持续化发展。要满足人们对体育特色小镇的需求，就需要加强基础设施的投入与建设，从电力、交通、水利、网络通信等多个方面进行完善，确保其能够同时带动城市、农村的发展，进而拉近农村与城市的距离。体育特色小镇内部的设施种类、设施摆放以及体育项目活动等都应当经过合理的规划与设计，以促使体育特色产业链的形成，只有这样才能有力地加快新型城镇化的进程，才能尽快消除农村与城市的差距，使农村经济水平得到快速提高，减少农村发展和特色小镇发展的阻碍。将体育特色小镇建设成为集产业、旅游、服务为一体的综合体，对改善人们生活，加快产业供给侧结构性改革具有重要的促进作用。体育特色小镇在助力我国新型城镇化建设，带动新农村建设，打破城乡发展的二元结构模式方面发挥了重要作用。

（五）建设体育特色小镇有利于推进健康中国建设

健康中国战略是我国发展基本方针中的重要内容，是国家治理理念与发展目标的升华。健康中国上升为国家战略，对于提升国家综合实力、民生建设、经济社会发展等具有重要意义。全民健身是健康中国建设的战略基础、前端要地和有力支撑，也是全体人民增强体魄、幸福生活的基础保障。2016年10月25日、中共中央、国务院印发并实施的《“健康中国2030”规划纲要》明确指出、坚持以人民健康为中心的发展思想，从“大健康”的视角，发挥全民科学健身在促进人们健康中的积极作用，同时指出，要完善全民健身公共服务体系，广泛开展全民健身运动，引导社会力量积极参与健身休闲运动产业。“十三五”规划纲要对推进健康中国建设进行了具体部署，提出要广泛开展全民健身活动，实施全民健身战略。在全民健身和健康中国等国家战略背景下，体育与健康、旅游、文化等元素交织在一起，终将成为人们生活中不可或缺的一部分，健身休闲成为健康产业的新亮点，体育产业也将成为推动我国经济转型升级的重要力量。在新时代，建设体育特色小镇能够促使全民健身生活化，自觉内化成人们的自主行动，使人们形成良好的健身生活习惯，顺应健康中国战略和全民健身战略的具体要求。体育特色小镇是发展健康产业的绝佳载体，是建设健康中国的重要内容，其特质在于“体育”，生命力在于“产业”。体育特色小镇的核心要素是体育产业，建设体育特色小镇就要树立“大健康”理念，找准和凸显体育产业特色，选择差异化的体育产业跨界融合路径。

近年来，我国一直在倡导全民健身，只有引导和鼓励全民参与到健身活动中去，才能提升我国全民的身体素质，推动中国国民的健康发展，而体育特色小镇的建设刚好是这一理念的实践，是提高国民健身意识，提高国民健身知识水平与健身能力的重要途径，也是推进“健康中国 2030”战略的重要阵地。另外，体育特色小镇的建设还能够促进更多的群众进行体育消费，在满足人们体育消费需求的同时带动当地经济发展。我们可以认为，体育特色小镇就是在全民健身与城镇协同发展的共同作用下产生的。现阶段，人们对体育锻炼和体育体验的需求日益增多，对体育项目水平的要求也逐渐提高，建设体育特色小镇适逢其会，其将成为全民参与、全民健身的好去处。

第二章　体育特色小镇建设理论基础

体育特色小镇是在小城镇基础上演变而来的，是对小城镇的继承与创新，是历史的必然选择，是时代的产物。本章内容为体育特色小镇建设理论基础，阐述了块状经济理论、产业集聚理论、生产力布局理论、价值网络理论、品牌效应理论。

第一节　块状经济理论

一、块状经济理论基本概述

（一）块状经济的基本定义

“块状经济”指的是由许多中小企业在空间上连接起来形成的工业集聚地域经济。它是一种局部的区域，将生产专业化作为核心的一种经济形式，围绕某种特定的产业进行生产，并在此基础上衍生出来各种各样的市场，在空间的表现形态上面呈现出集中化的趋势。块状经济实际上同产业在地理空间上集聚的一种区域经济形式相类似，规模较小，所以说也被称为区域特色经济。其内涵与西方经济学中的“集聚综合体”“特色产业区”“地方性产业集群”等概念大致相同。

（二）初探块状经济的源流

“块状经济”并不是一种新兴事物，而是具有悠久历史的经济现象。早在手工业时代，就已经存在“块状经济”，并成为手工业发展进程中的一个显著特征。随着工业革命的到来，“块状经济”的规模进一步扩大。现代工业城市的兴起正是“块状经济”的一个集中表现。当然，如今人们所关注的“块状经济”大多数都是针对于传统的城市大工业来说的，主要涉及“乡村小工业的集聚”以及“城市边缘新兴产业群落的快速崛起”。一些地区如意大利北部地区、日本大田、德国巴登、我国的浙江省，以及美国西部的硅谷、印度班加罗尔、北爱尔兰、中国的东莞、苏州、昆山等地，都是著名的科技发展重镇。这些地区催生了各种各样的科技“园区”“开发区”和“工业小区”。虽然意大利拥有深厚的人文历史底蕴，但在工业革命时期却没有紧跟上发展的步伐。像重型制造业主要是以大型机器作为标志，但是依旧比不上其他发达国家，因此“福特式工厂”并不在该国占主导地位。特别是在意大利北部的那些山区，由于交通上不具有便利性，并且治安上也存在很大缺陷，单指大型工业的发展受到了限制。不过，这里的传统加工制造业却默默地发展了数十年，以生产日用品和小商品为主。因此，许多小镇在意大利西北和东北地区成为一些国际知名品牌的诞生地和出口创汇基地。除了杭嘉湖宁绍地区外，中国浙江的大部分地区基础设施相对落后，国家对其投的资金数量也较少，大型企业也不多，每个人占据的耕地面积较少，自然资源更为匮乏。特别是温州，该地区78%为山地，5%为河流和海岛，仅仅有17%是平原。然而，浙江省以“轻、小、私、加”的发展理念快速崛起，工业经济得到迅速发展，从一个资源匮乏的省份变成了一个经济发达的省份。这种被称为“浙江现象”的发展趋势越来越引起人们的关注。除了微观主体拥有明确产权之外，“浙江现象”最引人注目的特点是“块状经济”。在这一方面，浙江省和意大利有很多相似之处。如今，浙江省的人们喊出了“工业学意大利，农业学荷兰”的发展口号。据浙江省委政研室课题组的调查中显示，在浙江省的88个县市区当中，其中85个县市区已经是块状经济模式了。这些区块年产值超过亿元，总计有519个，块状经济总产值达到了5 993亿元，光就业人数就高达数十万人，其产值为当年全省中工业的总产值贡献了 49%。在这519 个区块中，产值在 10 亿～50 亿元之间的有 118 个，50 亿～100 亿元之间的有 26 个，100 亿元以上区间的总共是 3 个，其中 52 个区块的产品在我国的市场份额已经超出 30%。浙江的经济正在迅速发展，这种趋势已经提高了该地区产品在市场上的占有率和竞争力，使其成为县域经济的主要支柱。根据国家统计局对全国 532 种主要工业产品的调查结果，浙江拥有 56 种独特的产品，在全国范围内产量位居第一，同时还有 336 种产品排名前十，已经达到了总数的 63%。这或许是“浙江现象”最重要的原因。

（三）块状经济理论的现象

块状经济是一种产业组织形式，它指在相同的行业内的许多有关的企业在特定区域内相对密集地聚集，通常被视为产业集聚的一种形式。这种组织形式主要基于市场需求和本地的企业家资源、精神的支撑，并且具有深厚的历史、文化和社会传统背景。块状经济往往会出现“一镇一品、一乡一品”的现象，这是由于交易成本降低和外部规模效应扩散的引导所导致的一种经济现象。

新制度经济学派，以科斯为代表，认为企业的存在就是为了通过企业内部交易来节约市场交易费用。如果市场交易费用较高，则企业更愿意采取自我组织和管理的方式，以节约成本。然而，如果信息传播迅速、资产具有高通用性，市场交易费用有很大纪律较企业内部的组织管理成本更低。在这种情况下，非常多的同类又或者是有关的企业，他们就有意趋向于依赖市场并独立存在，进而建造出以外部化交易作为特色的企业块（群）状集聚以及市场的点状集聚。

一些学者认为，地区性商圈是建立在人际关系基础上的，其中存在着一些决定商圈内技术持有方式、学习过程、信息传递渠道、企业组织形式和产业氛围的“酵母”因素。这些因素的源头往往可以追溯到历史传统和民俗习惯。

二、块状经济的类型

传统上来说“块状经济”仅仅就是一个统称，从不一样的角度能够对“块状经济”作出不一样的分类。

（1）就主导产品类型而言，农村经济可以分为传统产业延续型和新兴产业型。一般而言，传统产业更多地采用劳动密集型的方式，但随着对传统产业技术的创新和应用，例如新材料、新工具等，传统产业也可以重新焕发生机；而新兴产业则主要出现在大都市的周边地区，又或者是航空中心的周围，并且多数具有外资背景。

（2）就农村经济的起源地和要素来源而言，它可以分为原生型和嵌入型。对于原生地而言，它也被称为就地发展型；对于嵌入者而言，它也被称为异地发展型。举例来说，北京的浙江村大部分是来自乐清虹口镇的居民，而兰州的义乌市场大部分则是来自浙江义乌的人组成。对于虹口和义乌而言，就可以说是一种异地发展型的农村经济。

（3）从城乡关系的角度来看，农村经济可以分为城郊辐射型和村落独立型两种类型。由于城市政府是多头管理，并且因为当地地价的缘故，大城市的郊区通常是异地人优先选择的地段，而那些具有原生性的“块状经济”通常属于村落独立型。

（4）如果从区域的范围上加以区分，可分为县域集中型、镇域集中型以及专业村庄型三种类型。县域集中型主要以县城作为核心地段，然后向四周呈放射状进行分布；镇域集中型则多沿交通干线，其主要是呈现带状进行分布；而专业村庄型主要是典型的“块状经济”。

（5）“块状经济”可以从发展主体的角度分为两种类型：一种是由经济精英或能人发动发展的能人发动型；另一种是由政治精英或政府推动发展的政府推动型。这种区别在浙江南部和江苏南部的比较中尤为明显。当然，这两种类型之间也有相互转化的情况，并且有时候能人发动和政府推动也会紧密结合。

（6）根据市场导向的不同，可以将“块状经济”分为出口导向型和内销导向型两种类型。在外贸自主权扩大的背景下，出口导向型的“块状经济”在浙江得到了非常好的发展，例如打火机、眼镜等行业。但是，大多数“块状经济”仍以跨区域的国内市场拓展为主导方向。

（7）根据其运行机制的不同，可以将“块状经济”分为市场循环型、技术创新推动型及来料加工型三种类型。市场循环型最为典型的代表是义乌，而绍兴的轻纺城等也属于这一类型。这类产业区四周聚集了大量小纺织厂以及服装的加工厂，形成了一个以市场为导向的生产和销售循环体系。随着“块状经济”规模的不断扩大，技术竞争同创新慢慢成为其发展的主要推动力。一些先发企业在品牌做大了以后，开始探索“虚拟经济”模式，只专注于研发和销售，加工是通过来料和来样加工的方法，或是后来的企业购买知名商标的冠名权。这种模式在相对落后的区域内的“块状经济”最开始时期十分常见。

（8）就地取材发展出来的产业，如青田石雕和东阳竹艺，属于资源开发型和自然垄断性产业；而非常多的“块状经济”和本地的自然资源没有直接关系，例如海宁皮革加工。此外，有一些产业实际上是靠市场创造出来的，比如位于宜兴万石镇的华东石材市场。尽管该镇没有石头资源，但当地人善于利用“万石”这个名字发展出了石头经济。因此，根据地缘和产业的关系，可以将产业分为资源开发型和市场开发型两类。

三、块状经济的优势

“块状经济”最大的优势在于产业集聚，这是其自己带来的优势之一。经过研究发现，跨国公司并不畏惧我国的廉价劳动力这方面的优势，反而害怕中国的产业集聚。因为产业集群让中国的企业做大做强。外资投资流向那些拥有自身特色的产业集群的那些地区。这种优势主要表现为以下三个方面。

（一）集聚优势

中小企业在“块状经济”集群中因地理位置接近和专业化程度高，在共同的产业文化和制度环境下相互关联，形成了空间上的集聚效应，带来了其独有的优势。这种集聚能够支撑企业及其相关的机构，节省了企业许多成本。此外，集聚还能够带来许多服务性机构，为企业创造新的市场。

（二）低成本优势

块状经济有助于企业实现生产以及专业市场上面的集中化管理，进一步能够加快成本的一个降低速度，降低供应链的综合成本，以及减少各项费用，如交通成本。块状经济还促进了生产专业化，使企业能够在生产方式的使用上更为专业化和灵活性，并形成更加专业分工和协作的本地网络，以此为基础进一步取得更多的集体效益。与垂直一体化的大企业相比，这种方法更具有灵活性，可以制造成本与交易成本变得更低，企业在运营效率上得到大幅度的提高，并且更具有竞争优势。

（三）创新优势

群体竞争优势能够让企业与企业间共享资源并且相互借鉴对方优势，从而推动企业自主创新能力的提升。在同行业的竞争之间，相互学习可以让行业整体技术水平得以快速提高。将同一类的企业和有关的产业进行高度的聚集，有助于彼此学习和激发创新，从而在内在机制上形成一种知识溢出、技术扩散以及具有整合优势的局面，提高企业的竞争力，并向增值环节的上游前进。

第二节　产业集聚理论

一、产业集聚理论的概述

产业集聚，也被称作是产业集群、企业集群，主要是那些具有相关性或者说是产业在某个特定的地域中所形成的空间集聚现象。产业集聚既有历史渊源，同时这还取决于本地企业与企业间的竞争关系和协作关系。英国新古典经济学创始人马歇尔将产业集聚定义为产业区，他把专业化产业集聚的特定地区称为“产业区”。迈克尔·波特将之定义为在特定区域中，一群在地理上邻近，有交互关联性的企业和法人结构，并以彼此的共同性和互补性相联结。新产业区理论称产业集聚为新产业区，是弹性专精的中小企业集群所组成的地方生产系统，区内具备一定劳动技能的劳动力资源。产业集聚不仅包含业务关联性的企业，也涵盖了上游的专业化供应商，横向的服务提供商和金融机构，以及下游的关联企业机构，是一个经济、社会、文化等多层次的区域复合体。世界知名产业集聚，如表 2-2-1 所示。

表 2-2-1　世界知名产业集聚

国别或地区	所在区域	产业领域
美国	硅谷	微电子、生物技术、风险资本
美国	好莱坞	影视娱乐业
美国	纽约	金融服务、广告、多媒体等
美国	西雅图	飞机设备与设计、金属加工
美国	底特律	汽车设备与零部件
德国	慕尼黑	汽车业
德国	法兰克福	化工业
意大利	伦巴第	丝织品
意大利	贝尔加莫	家具业
法国	欧叶纳科斯	模具
法国	昂蒂布	计算机及相关产品
瑞士	制表区	钟表业
日本	丰田城	汽车及零部件
日本	大田	机械和金属加工
中国台湾	新竹	半导体硬件
印度	班加罗尔	计算机软件

对于产业集聚的定义，不同的学者从不同的视角有不尽相同的表述，但将其归纳的话，可以发现产业集聚地共有特征：(1) 地理接近或地缘上邻近；(2) 企业间存在竞争与协作关系；(3) 企业间上下游联动，相关组织、机构关联；(4) 有良好的基础设施；(5) 知识可以快速扩散；(6) 有价值链上的相互需求；(7) 外向型投入产业；(8) 资源共享。

二、产业集聚理论的演化

产业集聚一直是经济学家研究的重要议题，最早可以追溯亚当·斯密提出的分工协作理论。斯密认为，通过分工能够将劳动生产率提高，不同地区或国家应根据自身的资源禀赋和成本差异来进行分工，从而造成某些产业在某些地区集聚形成产业集群。除了分工协作，马歇尔、韦伯、胡佛、克鲁格曼和波特等经济学家的研究进一步推动了产业集聚理论的发展。其中，四大流派分别是新古典经济学的集聚理论、古典区位理论中的集聚思想、新经济地理学的集聚理论以及基于竞争优势的集聚理论。这些理论的不断发展和完善，促进了我们对产业集聚现象的认识和理解。

（一）新古典经济学的集聚理论：外部经济

马歇尔是新古典经济学的重要代表之一，他对产业空间集聚现象作了非常系统的一个阐释。他的分析基于假设前提，即规模收益不变和完全竞争市场。他指出，产业集聚的原因与收益的大部分是来自空间邻近所产生的外部经济效应，包括劳动力市场蓄水池、中间投入品市场的多样化和低成本，以及知识和技术的溢出效应。马歇尔称这些特定地区为“产业区”，企业在这些区域内能够更好地获得外部规模经济所带来的收益。这种收益主要有三个方面：

（1）在这种地方“雇主们有很大的机会找到具有他们所需要的特殊技能的工人”。并且“寻找就业机会的人”也可以遇到“许多需要他们的技术的雇主”。

（2）在这种地方，“有许多同类生产活动聚集……每一个附属产业虽然只服务于生产过程中一个很小的分支，但它为附近的许多产业工作，因而能够经常使用高度专业的机械，使这些机械可以支付得起它的费用”。

这种地方的产业集聚可以使行业内的技术和知识变得公开和共享，这样孩子们在潜移默化中学习了非常多的知识。

在这种地方，优秀的工作会得到适当的赏识，机器、制造方法和企业组织的改进成果会得到快速研究和应用。如果一个人有新的想法，别人也会采纳并结合自己的意见，从而形成更为创新的思想。这些都是马歇尔提出的产业集聚的三个基本原因，之后成为产业集聚理论的基础。随后出现的各种流派都是围绕着这三个方面进行补充、扩展或深化。克鲁格曼总结为共享劳动力市场、专业性中间投入品市场规模效应和技术外溢效应。然而，可惜的是，从马歇尔之后非常长的时间里，产业集聚研究一直没有得到主流经济学的足够重视。

（二）古典区位理论中的集聚思想：运输成本

韦伯是工业区位理论的奠基者，他最早提出了“集聚因素”和“集聚经济”的定义，并将它们与运输成本以及劳动力成本共同考虑进最优工业区位的决策当中。根据韦伯的理论，产业集聚地区的“集聚因素”可以作为一种优势或者生产成本的节约，又或是由于生产活动被聚集在某一地点而形成的市场规模。如果集聚获得的收益比运输成本的节约大的时候，厂商就会在产业集聚地区选址上面变得更加具有倾向性，从而导致产业活动的集聚；但是如果因拥挤而导致的成本出现上升进而与集聚的收益进行抵消的时候，厂商就会在其他地区进行选址，从而导致产业活动的分散。

胡佛在继承韦伯的基础上，提出了规模报酬递增假设，而且是第一个将集聚经济效应分解成地方化经济与城市化经济的人。地方化经济其实就是指特定产业在某一地区内的空间集聚，通过公共基础设施和知识溢出等机制促进本行业的发展。这意味着产业集聚所能够获得的规模报酬递增，其对企业来说是外部的，但对整个行业来说的话就是内部的。而城市化经济则指特定产业的空间集聚对本地区或城市其他产业的促进作用，也就是说由产业集聚所带来的规模报酬递增体现在整个地区或城市范围内。胡佛的经典划分为后续的一些实证的研究起到了奠定基础的作用，直到现在都仍然被广泛应用。

三、产业集聚理论的类型

（一）按产品特点分

当今世界是由大量产业集聚组成的丰富多彩的经济版图，尤其是发达国家的产业集聚现象十分明显，不管是高科技产业集群，还是说传统的产业集群，两者都有着很大的成功。比如，美国重要的产业集聚就是硅谷以及 128 公路的微电子产业集群、纽约玛第森大街的广告业群、明尼阿波利斯的医学设备产业群、好莱坞的娱乐业群、底特律的汽车产业群等。德国索林根的刀具业群、斯图加特的机床业群、巴登一符腾堡的机械业群、纽伦堡的制笔业群等；法国巴黎森迪尔区的网络业群、布雷勒河谷的香水玻璃瓶业群。

依据产业集聚区内的企业生产产品的特点，可以分为同产业集聚区、关联产业集聚区和相关产业集聚区。

（1）同产业集聚区：是指生产（经营）同类产品或处于相同生产阶段的企业，如美国的硅谷是这种类型产业集聚中最具有代表性的，在几十年的发展中，世界电子产业的巨头如惠普、英特尔、太阳微系统、思科、甲骨文、安捷伦、苹果等都是在这里成长发展起来的[①]。以高技术从业人员的密度而论，硅谷位于美国首位，平均年薪亦居美国之首。2012 年硅谷人均 GDP 达到了 157 100 美元，也是位居美国之首。但是，竞争力强大的企业都集聚于此，企业间的竞争淘汰率之高也是可以想象的。世界许多国家以硅谷为样本，纷纷建立类似的产业集聚区。北京中关村高新技术集聚区的建立就是例证，硅谷也成为世界产业集聚的典范。

以上产业集聚区的最大特征，即这些企业均会生产或经营同类或同质的一些产品，这使得它们在同样的市场竞争中，能够相互之间尽情地共同享受市场的需求和款式等各个方面的相关信息，同时能够在原材料的采购方面、研究和开发方面以及贷款担保等进行及时有效的沟通和交流。

（2）另外一种相关的产业集聚区是关联产业集聚区，它是指具有上下游产业链关系的企业群，会以其中某个大型企业为核心，并在某个特定地理区域内进行结合聚集。如广东省中山市南头镇的家电产业集聚区就是这种类型的典型示例。南头镇引进长虹和 TCL 两大著名家电品牌企业，形成强大的集聚核心，并带动一大批家电制造企业和家电配件等关联企业纷纷选址于此，逐渐形成家电产业链的延伸和完善。产品几乎涵盖整个家电生产领域。目前南头镇已形成以空调、冰箱、电视等大家电为龙头，以为热水器、电磁炉等一批小家电为补充的家用电器集聚区。以上产业集聚的最显著特征，即在一个大型或核心企业周围或下游，存在许多中小企业形成上下游产业链。这些大企业或核心企业与周围的中小企业或非核心企业之间会构建一种长期的稳定的生产合作的关系或者经营的关系。

① 贾安强. 特色小镇建设的理论研究与实践应用［M］. 北京：经济日报出版社，2018.

（3）相关产业集聚区：是指某一产业或少数关联产业的企业群与其具有其他紧密联系的企业，如教育培训、科技研发、设备维修、会计审计、咨询服务等，向同一区域的集聚。昆山电子信息产业集聚区是这种类型的代表。它起步于20世纪90年代初，借助外资经济的作用，充分发挥产业集聚的优势，经过20多年的发展，形成了以笔记本电脑、显示器、数码相机等电脑及周边设备生产为龙头，将计算机零部件或者其他的电子元器件作为基础，并且有一系列配套齐全和比较大规模的IT产品制造业的体系，这放在全地球来说都是数一数二的程度。随着时间的推移，产业链集聚发展所带来的规模效应正在慢慢显现。其主要特征在于，虽然企业之间的联系十分的复杂，但通常只有少数几个企业直接涉及上下游产业关系，并成为整个产业集聚的主导力量，而其他企业则主要是为这些主导企业提供互补或配套产品的生产企业，或者是为整个集聚区内的所有企业提供专业化服务的企业。

（二）按形成指向分

依据产业集聚区主体即产业集聚的形成指向分为资源指向型产业集聚、贸易驱动型产业集聚、外商直接投资型产业集聚、产业转移型产业集聚、大企业中心型产业集聚和政府主导型产业集聚。

（1）资源指向型产业集聚：是指为充分利用地区廉价劳动力、原材料集中地、市场区或交通枢纽点的某种优势而形成的企业集聚群体。德国北威州的高技术产业集聚区是这一类型的典型代表。北威州交通发达，具备完善的现代交通基础设施，与欧洲长途公路连接便捷，具备全德国最稠密的铁路网，水路直通欧洲各大海洋及重要海港，外国在德国的投资约1/3在北威州。北威州是德国企业50强中有24家总部设在此的名企集聚之地。该州拥有64所高校的附属研究机构、48个科研中心、技术园区和30个技术转让站，形成了一个研发网络。这个研发网络是欧洲最密集的一个，为高技术产业的发展提供了理想的前提条件。

（2）贸易驱动型产业集聚是以本土企业为主的产业集群，主要通过国内贸易和出口贸易来推动发展。这种产业集聚通常由当地的企业家在国内外市场发现商机，开始进行单个家庭或小规模企业的创业，成功后快速带动其他企业跟进，并有相应的配套企业共同成长。最终形成了面向国内外市场的产业集聚。浙江温州、广东中山等地以纺织品、机电产品等技术含量低的日用消费品行业为中心形成的产业集聚较为典型。

（3）外商直接投资型产业集聚：是指一些地区凭借优越的地理位置、优惠的投资政策、丰富的土地资源和充足的劳动力，在当地政府提出各种政策优惠吸引外资投资、当地相关企业模仿学习等共同作用下形成的产业集聚。这种类型的集聚主要分布在我国的沿海地域，如长江三角洲、珠江三角洲和环渤海湾经济圈等地区。

（4）产业转移型产业集聚：是指欠发达地区承接发达地区产业升级转型而将落后产能转移而形成的产业集聚。如欧美日等发达国家升级国内产业时，将劳动密集型相关产业转移到中国，近年来转移东南亚最为典型。产业转移型产业集聚的形成一般依赖于当地已有的产业条件。很多情况是该地区已经形成了一定规模的企业集聚，具有承接产业转移的基础，进一步的产业转移使得集聚快速形成和发展。

（5）大企业中心型产业集聚。这种集聚形态是指，在某个特定的地理区域内，有一群企业以某个大企业或核心企业为中心，它们之间具有直接的上下游产业链关系。例如，德国汉堡的航空航天集聚区就是一个典型的例子。在汉堡，有世界第二大的飞机制造区，专门生产“空中客车”品牌的飞机。汉堡还拥有空客飞机总装厂，负责组装 A319、A321 和 A318 型空客飞机，其产量占全球空中客车飞机生产总数的 1/3。此外，汉堡还拥有世界上除美国以外的最大型的民用飞机维修中心——汉莎维修公司，以及 200 多家与航空业相关的中小企业供应商。这些企业的集聚，使得汉堡的航空产业在工业总产值中有着相当大的比重。

（6）政府主导型产业集聚是指政府基于客观经济规律，通过自上而下的规划和指导来促进形成的产业集聚。其中，在政府主导下，以各类科研资源和人才为基础，形成的以科研资源为依托，以科技创新为重点，以技术推广应用为内容的高新技术产业集聚也属于政府主导型产业集聚。例如北京中关村、我国经济技术开发区和高新技术产业开发区（简称“高新区”）都属于这一类型。我国自改革开放政策实施后，开始建设高新区，截至 2012 年 9 月，国家级高新区已经有 105 个，各省市也根据自己省份的情况设置了相应级别的高新区。高新区现如今可以算得上是我国高新技术产业的代表，是最具活力和创新性的经济区之一，在很多地方已经成为区域经济的“增长极”，对于区域经济的发展起着重要的作用。高新区的发展不仅可以推动当地经济的增长，也可以对周边地区产生辐射作用，成为区域经济增长和产业发展的重要支撑力量。

第三节　生产力布局理论

一、生产力布局理论的基本概述

生产力布局是指生产力在一国或一地区范围内的空间分布及组合的经济现象，是研究区域内各个生产力类型的分布状况。从静态上来看是指形成生产力的不同部门、要素、生产力链条在空间上的分布态势和地域上的组合；从动态上来看是各个生产力根据生产要素、地理环境、区域政策而进行的自发或被引导的分布与组合，形成整个区域生产力的整体面貌的过程。

从区位论角度看，生产力布局就是各个生产要素在企业寻求最佳生产区位的过程中形成的动态配置过程，即资源、生产要素甚至产业和企业为选择最佳区位而形成的在空间地域上的流动、转移或重新组合的配置与再配置过程。

生产力布局可以通俗地理解为生产力规划，即对生产力发展布局、生产力结构调整进行整体布置和规划。为了实现生产力均衡发展，需要采取一系列措施，包括统筹兼顾、协调不同生产力之间的矛盾、制定合理的安排、实现因地制宜、发挥优势、避免短板、突出重点、兼顾一般、远近结合和全面发展等方面的要求。

二、生产力布局的特点

德国地区间的经济发展水平存在差异，但相比于其他发达国家，德国的生产力分布比较平衡，呈现出大量的分散型小城市和少量的集中型大城市的特点。

具体而言，（1）德国没有像伦敦和巴黎那样的大型工业集中城市，而是有 81 个人口超过 10 万的城市，其中仅有柏林、汉堡、慕尼黑三个城市的人口超过一百万，11 个城市的人口在 50 万到 100 万之间，其余 67 个城市的人口在 10 万到 50 万之间，分布在德国各个地区。（2）全国人口分布比较均匀，除柏林、汉堡、不来梅三个城市州人口密度较高外（分别为 3 862 人/平方千米、2 088 人/平方千米和 1 627 人/平方千米），其余 13 个州，人口密度最大的北莱茵—威斯特法伦州，人口密度为 489 人/平方千米，最小的梅克伦堡—前波莫瑞州，人口密度为 79.8 人/平方千米，二者仅相差 6 倍，而法国人口密度最大的省与最小的省，人口密度可相差 500 多倍。（3）德国每个州的人口比重与从业人口比重大致相当，以上两个数据之间差距不超过 1.5%。以斯图加特所在的巴登—符腾堡州为例，该州的人口占西部地区人口的 14.86%，但是从业人口占西部地区从业人口的 16.15%，仅相差 1.29%。（4）德国的重要工业区鲁尔区的经济地位在全国排名不断下降，反而之前那些相对发展不好的南部地区的经济地位则在逐步提高。

这种布局形成的因素有很多。第一，德国的自然条件相对来说比较温和，没有极端的气候条件，对于人类的生产活动更加有利。第二，德国从以前到现在就处在欧洲东西和南北的交通的十字路口处，人们之间的交流很多，交通方面以及商业方面也相对发达。尤其是莱茵河、多瑙河、易北河等河流沿岸人口较多，联系方便，从而促进了生产力的发展。第三，长期发展之下，德国处于一个封建割据的局面当中，每一个邦国都拥有自己的政权和自己的经济发展中心。最初的西德每个州在预算方面也是不受限制的，可以自己独立做主，各州同时也拥有自身的一个经济发展方面的规划并制定了措施。第四，每个地区因地制宜，将各自独具特色的工业发展扩大起来。例如下萨克森州东部有铁矿、钾盐、石油等资源和方便的交通条件，在萨尔茨吉特建立了钢铁工业，其附近的沃尔夫斯堡建立了汽车工业，在汉诺威（下萨克森州首府）。建立了汽车、炼油、橡胶、机械制造、电子等工业，在不伦瑞克发展了电子、光学仪器等工业，形成了德国北部的汉诺威—沃尔夫斯堡—萨尔茨吉特三角工业区。第五，德国政府注意分散设置第三产业和政府机构，如原西德首都波恩是政治中心和各国大使馆所在地，3/4 是森林、绿地，保留着古老的田园风光，工业部门很少。德国有几个城市拥有独特的特点：科隆是全国金融中心之一，同时也是保险业的一个集中地；杜塞尔多夫是全国垄断资本管理机构和批发商的中心之一；法兰克福是银行及航空中心，大银行总部和欧盟欧洲银行总部所在地；汉堡是全国重要的出版、文化和教育中心，也是一个重要的金融中心。第六，德国拥有大量具有活力的中小型企业，它们的生产十分灵活，能够吸收各方的劳动力，也适合分散分布。第七，交通运输业现代化更强并且变得更加发达，这就为实现德国均衡的生产布局创造了可能的条件。

第四节　价值网络理论

一、价值网络理论基本概述

价值网络是由公司与其供应商、客户以及其他有价值的关系合作构建的，旨在为创造资源、扩展和交付货物而服务。这些合作关系包括供应商及其下游供应商、公司的客户和最终顾客，以及在大学中从事研究的人员和政府机构等其他关键合作伙伴。这些关系组成了公司的价值系统。

Adrian Slywotzky，Mercer 顾问公司的著名顾问，在他的书《利润区》中指出价值网络的定义。这种新的业务模式将顾客不断提高的要求与高效率、低成本的制造相结合，通过数字化的信息快速配送产品，避免了昂贵的分销环节。它将供应商、制造商和顾客联系起来，通过协作提供解决方案，并将运营设计提到了战略层面上来，在不断变化的市场环境中能够得以适应[①]。价值网络是以顾客为中心的价值创造系统，其与策略思考和现代化的供应链管理相结合，代替了老旧的线性供应链模式，让顾客对便捷、速度、

① 陈光义. 大国小镇中国特色小镇顶层设计与行动路径［M］. 北京：中国财富出版社，2018.

可靠和定制服务的需求得到了满足。老旧的供应链是基于对消费需求的预测去制造产品，并通过通路推广销售，并希望消费者能够购买。然而，在价值网络中，消费者、公司和供应商之间是互相协作的关系。

二、价值网络理论的演变

有一些学者认为，价值链和价值网络是两个不一样的定义。随着理论的不断演进，从最初的价值链理论开始，逐渐发展出了虚拟价值链、价值矩阵理论、价值星系理论，最终演变成了价值网络理论。虽然价值链和价值网络有所不一样，事实上价值网络可以被看作是价值链的扩展，或者说是另一种说法。这是由于价值链可以不仅仅是线性的，假如把研发、服务等非生产环节也看作是价值链的一部分，则价值链就可能会更加复杂、包含纵横关系的体系，这本质上也是网络结构。因此，虚拟价值链、价值矩阵理论、价值星系理论，以及模块化价值链理论，都是价值链理论的一种拓展和丰富，是从不同角度解释价值网络理论的不同视角。

（一）价值链理论

价值链理论中，一个企业在特定行业内所从事的各种活动可以被分解为许多战略有关的活动，这些活动组合在一起形成了企业的价值链。这个价值链可以分为主要活动和支持活动两种。企业能够获得竞争优势的途径是通过在某些环节上创造高效且独特的活动，从而实现成本或差异方面的优势。简而言之，企业要在行业中获得优势，就需要在价值链中做得更好、更高效、更有特色。

（二）价值星系理论

在《从价值到价值星座设计交互式战略》一文中，Richard Norman 和 Rafael Ramirez 指出了价值星系理论，该理论是在价值链理论的基础上发展而来。价值星系理论将企业和顾客形象地看作是恒星和行星的关系，企业就像行星一样围绕着顾客这个恒星，各自在自己的轨道上运行，进而形成一个完整的星系。这个星系中的企业通过相互合作为顾客创造价值的同时也获得价值。这个星系是一个企业引力集合的创造价值的系统，成员包括核心企业、模块生产企业、供应商、经销商、战略伙伴和顾客等，以上市场的主体主要借助“成员组合”的一个方式用来对角色与关系进行互换，并营造一种新型的关系用来共创价值。所以说，这个理论适用于价值链的外部化、网络化和复杂化的管理思维。

（三）虚拟价值链与价值矩阵理论

学者指出的虚拟价值链理论讲的就是对传统实物价值链理论的新发展。实物价值链认为信息技术只是辅助因素，而不是价值来源，但是，知识密集型服务业的一个出现就将信息它自身是拥有价值创造这一功能的事实进行了证实。虚拟价值链是通过信息技术，在企业之间和企业中对信息进行复制、加工以及共享，进而将传统实物价值链的增值实现。企业如何在市场上去占领一定的竞争优势呢？那么就应该充分对信息加以利用，让虚拟价值链的作用发挥出来，与实物价值链结合创造更多价值，这在提升企业竞争力中占据了非常重要的地位。

学者研究并提出来的价值矩阵理论对虚拟价值链理论进行了又一次的丰富。在对许多行业以及企业进行调研之后，总结发现，在信息产品上并在世界取得利润的企业通常发展了两条价值链，并且十分成功，它们试图同时在信息产品和实物产品市场开拓业务。这两条价值链蕴含了不一样的经济逻辑，老旧的规模和范围经济理论并不像适用于实物价值链那样适用于虚拟价值链。所以说，企业应在对待这两条价值链的时候既要对其加以区分也不能切断了这两条之间的联系。

（四）模块化价值链理论

因为产品设计趋向于模块化，企业的能力要素也必须跟着变化，因此模块化组织成为了必然趋势。大型企业已经摒弃了老旧的 M 型组织结构以及纵向一体化战略，逐渐采用模块化组织形态。随着信息技术的发展，企业的价值链和价值模块都在不断地分解和整合。通过裂变、分解，传统的集合型价值链可以分解成具有兼容性、能够进行重复利用并且可以寄符合标准的价值模块，这些模块在新的界面上进行又一次的整合，形成全新的模块化价值链。这表明企业核心竞争能力理论已经成为学术界和实践界的共识。

（五）从价值链向价值网络拓展

随着虚拟价值链和价值星系理论的发展，企业内部的行为主体之间以及业务联系构成内在的价值网络关系，而企业与企业中借助实物价值链和虚拟价值链同样也形成了非常复杂的网络的关系。所以说，不一样的企业之间的价值链关系现如今可以说已经形成了价值网络关系。在模块化时代，企业中的价值网络已经更加向分解趋近，业务的组合也在不断地缩小和减少，企业就会把不是核心的业务借助外包等各种形式，将其转移到企业的外部。随着业务、价值和组织结构等复杂系统的模块化，不一样的企业的核心能力要素之间连接成转台，最终创造出来一个开放的企业外部价值网络，相关企业价值的创造、交换和共享都在整个网络之中有分布。企业内部价值网络的模块化整合为企业融入企业外部价值网络，进而提供了许多的接口，借助以上所说的这部分接口，企业内部与企业外部价值网络相互连接、融合形成企业价值网络。价值链和价值网络理论之间的对比如表 2-4-1 所示。

表 2-4-1　价值链与价值网络的比较

对比点	价值链	价值网络
基本活动	内部后勤、生产、外部后勤、营销、服务	网络内各个企业的功能定位，企业间关系的投资和维护（网络扩充与契约管理）
基本结构	链式联系	纵横交叉的网络
节点间的关系	拉动的、前后联系的	资源互补的，同时并行的
企业价值体系	内部连接	单一水平式整合与不同产业网络联络
价值驱动因素	规模、生产利润率	规模，能力共享程度
价值创造原理	单个企业的投入与产出	围绕顾客价值的企业间协同价值
价值创造主要技术类型	长串联络性型	中介技术型（运用协调的技术，在顾客中建立巩固的网络关系来创造价值）
管理模式	制度化内部可管理	非制度化的依赖和信任

第五节 品牌效应理论

一、品牌效应理论的概述

菲利普·科特勒是营销学的奠基者，他将品牌定义为标识产品制造商和销售商的名称、标志、符号或图案的组合。品牌是企业和产品个性化的体现，是一种重要的识别特征，旨在吸引消费者的注意力和购买欲望①。品牌效应是品牌差异化带来的对企业发展的影响，包括经济和社会方面的影响。从经济角度讲，品牌效应是品牌因满足社会需要而获得的经济效果，是品牌的信誉和声望所带来的影响力。

在当今市场竞争日益激烈，产品同质化严重的情况下，品牌效应在企业持续发展中的作用越发变得重要。因此，越来越多的企业开始注重品牌的建设，并将其视为重要的发展战略之一。本书旨在从品牌效应的正反两方面对其进行简要探讨，以深入理解品牌在企业发展中的作用。

品牌效应对企业的作用是非常重要的，它不仅能够让消费者的需求得到满足，还能让企业产品的质量得以提高，从而让产品的吸引力不断提高，并且在此基础上让消费群体不断扩大与增长。具体来说，品牌效应能够保护企业的收益，促进产品的销售，识别商品，并树立企业的形象。一旦企业注册了品牌，它就会受到法律的保护，这可以避免其他企业使用同样的品牌，保护企业的合法权益。此外，一个优质的品牌可以在群众的脑海里留下非常好的感受，加强消费者对品牌的了解，让群众的购买这个东西欲望得到提升，从而促进产品的销售。同时，消费者也会通过品牌标志来识别商品，从而选择品牌商品。最后，品牌对企业的形象也有很大的作用，品牌的质地和服务优势能够赢得消费者的信任，从而树立企业的社会形象。

二、品牌效应理论的类型

各国的实践表明，创造品牌的效应其实不是一件复杂的事情。其实质在

① 温锋华，沈体雁. 中国特色小镇规划理论与实践［M］. 北京：社会科学文献出版社，2018.

于通过品牌这个核心要素来提高该地的国民经济价值创造能力。如今在这个知识经济的时代，产品开发和商业化时间的缩短使得快速提供有效产品的企业更容易获得成功。然而，企业创新活力不足、基本公共服务和社会保障压力加大，同时土地、劳动力和商务成本不断上涨，导致出口拉动型的经济增长模式再继续进行下去非常的难。因此，品牌效应的作用变得越来越重要。了解品牌效应的类型也就变得更加重要了。

现今的企业竞争越来越激烈，因此品牌的价值越来越被企业所看重。品牌在企业的发展过程中占据非常重要的地位，能够带来比较不错的经济和社会效益。品牌的积极效应有以下几个方面。

（一）宣传效应

建立品牌对企业的发展具有积极的促进作用。对于一般品牌来说，品牌是企业形象的统一标志，品牌的建设需要有系统的规划，将企业的经营理念和特色融入具有独特样式和内涵丰富的标志中，有助于消费者和公众识别和记忆，从而有利于广泛的口碑宣传。

而对于知名品牌而言，可以利用品牌的知名度和美誉度来传播企业声誉、地区形象，甚至国家形象。知名品牌在经济和社会生活中具有突出的宣传效应，品牌知名度如果高、形象如果越好、美誉度如果越高，对企业、地区甚至国家的宣传效果就越显著。

（二）聚合效应

当企业或某产品的品牌名声逐渐扩散，在市场上赢得了一定口碑之后，它能够给企业带来较高的经济效益和较好的社会效益。品牌资本的积累也能使企业不断扩大和发展。那些知名企业或者是产品，它们在资源方面将会得到社会上人们的认可，并且社会上的不管是人才还是资源又或者是管理经验，甚至政策等，这些统统都是更加倾向于知名企业以及产品。得到更多社会资源的支持，企业就能更好地巩固自己的实力，然后再利用有效的资本运作和对所聚合社会资源的整合，进一步扩大企业规模，从而产生规模效益。这就是品牌所带来的强大的聚合效应。在资本聚合方面，对于形象和美誉度好、品牌知名度高的企业，其产品或服务也就容易让人们去看到或者购买，进而企业的营业利润大大得到提升。另外，群众往往愿意相信品牌知名度高美誉度好的企业，认为它们有能力去营造更多的经济效益，因此乐意投资品牌企业。如此一来，企业就跟着磁石一般吸引着更多的资本。在人才和管理经验的聚合方面，真正优秀的企业人才和具有丰富经验的企业管理者必将选择具有良好品牌形象的企业。他们相信，在具有良好品牌形象的企业工作，不仅可以学到更多更有价值的东西，而且能够全面展示自己的才华，实现个人的人生价值和理想。他们会积极地提高自己的能力，在企业管理和产品生产过程中非常勇于且主动展现出自身的想法以及意见，以上会让企业发展实力得到更多且直接的提高。

（三）磁场效应

当一个企业或产品的品牌被公众所认可和接受时，这将对企业的稳定发展和市场地位产生积极的影响。因为公众认可的品牌能够提高顾客的忠诚度和巩固客群，从而保持企业的持续发展。当企业的品牌形象在公众心目中树立起来，并得到公众信任和高度评价时，人们往往表现出对该品牌的强烈忠诚。他们相信这个品牌的产品具有良好的信誉和高品质的服务，并且使用这个品牌的产品是一种享受。因此，企业品牌在公众心中树立良好形象后，就会具备超强的影响力和说服力，有时甚至不需要过多去宣传，就能深深吸引大量的追随者。这些追随者以拥有和购买该品牌企业的产品作为一种荣耀，有些人甚至会把这种品牌当作是身份的象征。

（四）衍生效应

当企业的品牌发展到了某种阶段，它会产生一个正向的循环效应，这将导致企业在各种资源和营销力量的支持下，不断创新出新的产品和服务。这种创新和发展效应将促使企业变得更加强大和稳健，并有助于企业在市场中立足和成长，从而建立新的品牌形象和市场占有率。这种积极的循环效应有助于企业在品牌效应的推动下，不断壮大自身实力，并开拓更多的市场机会。

（五）带动效应

知名品牌的影响不仅仅局限于单个企业或产品，而是具有广泛的行业和地区带动作用。品牌的带动效应可以促进企业的发展，也可以推动城市、地区甚至国家经济的繁荣。知名品牌企业具有龙头的效果，引领行业的发展，推动地区经济的增长。品牌的带动效应在行业内表现为竞争、兼并、收购等，这些行为有助于知名品牌企业壮大，同时也能够帮助其他竞争对手在相互竞争中生存和发展；此外，在一定条件下，品牌企业也会与竞争对手相互合作，一起促进企业的发展。品牌的带动作用对相关企业和行业的发展影响最为显著。具有品牌优势的企业或产品，可以更好地利用企业内部资源，最大程度地发挥资源效用，从而在不断发展壮大的基础上创造更多的经济和社会效益。这些企业往往也是支柱企业，可以带动相关企业和行业的飞速发展，为城市、地区和国家经济增长提供有力支持。

（六）光环效应

光环效应是指对于那些拥有某种程度的知名度的企业品牌来说，在品牌知名度越高、企业形象越好的情况下，光环效应越加明显。这种效应不仅体现在企业内部，也在外部显现出来。

拥有知名品牌的企业能够让员工的自豪感和荣誉感得以激发，促使员工工作更加主动，热爱企业，甚至在企业声誉受损时能够站出来维护企业形象。此外，拥有良好口碑的品牌企业，其员工的满意度也会相较更高，具有强烈的使命感和责任感。员工往往会为企业的发展贡献自己的力量，甚至愿意为企业的命运承担责任。品牌的光环还可以提高员工的士气，使员工在心情愉悦的同时，提高工作效率。

第三章 浙江体育特色小镇建设现状及发展趋势

自21世纪以来，信息技术在不断发展，城镇化也随之不断改善，中国产业结构正在经历调整以及升级。随着城市个性化需求的不断提高，多元化的发展模式更适合人们需求。因此，打造城市品牌和城市名片成为必不可少的任务。本章内容主要介绍了浙江省体育特色小镇建设的现状和发展趋势，阐述了浙江省体育特色小镇建设的实践经验以及未来的发展方向。

第一节 浙江省体育特色小镇建设实践

一、浙江省体育特色小镇的概况

伴随乡村振兴成为国家战略、我国城镇化建设日益推进、人们收入持续递增、高压快速的工作节奏、体育产业政策持续利好、体育消费的升级和多元化、乡村休闲旅游业快速发展、疫情防控常态化之下人们对健康的追求等因素促使体育旅游快速发展。在此背景下，浙江省作为全国首个共同富裕示范区迎来了体育特色小镇的快速发展时期。发展浙江省特色体育小镇为城乡提供了新的场景和便利，丰富多彩的体育活动不断满足人们不同的体育消费需求，同时指引着他们去追求更加健康、更加和谐的生活方式，以及更加丰富多彩的精神世界。以上发展也在不断推动城乡体育产业的协调和融合，让乡镇的产业更加兴旺、生态更加宜居、乡风更加文明等总体目标，这也将是实现共同富裕和乡村振兴的重要手段。

自 2017 年 8 月浙江省体育局发布《浙江省级运动休闲小镇认定标准》，开展省级运动休闲小镇认定工作，至 2021 年发布《浙江省体育局关于促进省级体育特色小镇规范健康发展的通知》，要求全面清理各类体育小镇、支持体育特色小镇建设、建立健全体育特色小镇评估退出机制，将已有的国家级、省级体育特色小镇纳入"体育特色小镇"。四年以来浙江省在体育特色小镇乡镇建设中"摸着石头过河"，积极创新，主动探索与实践，取得了重要进展，也面临着系列问题。如何对标现代化体育强省建设总体要求，促使体育特色小镇成为浙江省践行"绿水青山就是金山银山"理念，推进浙江省体育治理体系和治理能力现代化，实现共同富裕、乡村振兴的重要载体与平台，值得深入探讨。

（一）浙江省体育特色小镇发展情况

1. 各地积极申报，规模初见效应

运动体育特色小镇主要是一些乡镇或同级别功能区，依靠当地具有特色运动休闲产业或环境资源作为支撑，并将某种单项的运动休闲活动作为重点培养对象，进而打造具有确切的主题、有着运动气息、深受群众喜爱以及有着浓厚文化特色的体育产业发展平台。申报浙江省体育特色小镇的条件主要包括"8 个有"，即必须具备资源、场地、项目、赛事、规划、投入、配套和管理等方面的条件。目前浙江省共有体育特色小镇 27 个，其中 2018 年第一批 7 个，2019 年第二批 5 个，2020 年第三批 7 个，2021 年第四批 8 个。

各地市体育特色小镇数量分布为：杭州市 6 个、宁波市 6 个、湖州市 3 个、绍兴市 2 个、台州市 2 个、温州市 2 个、丽水市 2 个、嘉兴市 1 个、金华市 1 个、衢州市 1 个、舟山市 1 个。体育特色小镇的区域间发展不均衡。造成这一现象的主要原因是体育特色小镇是新生事物，对于大多数地区来说，还处于理解程度不深、开发投入性价比不明确、效益产出不明显的观望状态。而杭州和宁波两个地区经济基础较好，配套设施齐全，交通网络发达，加上两地处于长三角的核心位置，靠近江苏、上海，与其他地区相比具有明

显的区位优势，具备发展旅游业的基础优势。其次，杭州和宁波的乡镇数量将近总数的一半，这一比例基本接近两个地区体育产业总产出在全省中的占比，这两个地区体育发展基础较好，优势项目和资源往往优先向两地倾斜，体育产业的政策支持力度大，对体育政策的解读和体育产业的理解程度走在全省前列，具有较强的前瞻性，如图 3-1-1 和图 3-1-2 所示。

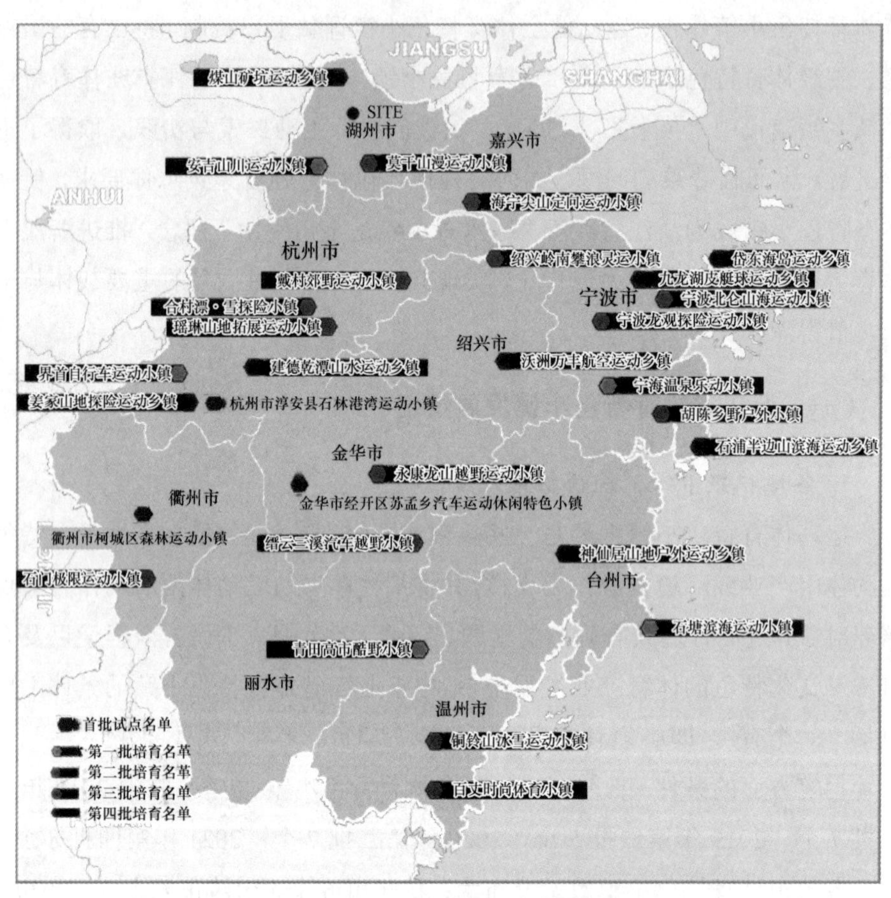

图 3-1-1　浙江省体育特色小镇培育名单分布图

2. **运动项目众多，产业脱贫起效**

各地政府依托良好生态环境、运动休闲资源禀赋，以及当地自然、人文、旅游等资源特色，发展主题相对明确的核心运动休闲项目。据统计，登山、骑行、户外拓展、皮划艇、滑雪、攀岩、漂流、滑翔伞、汽车越野、摩托车越野等成为体育特色小镇最受欢迎的前十个核心运动项目。围绕着核心运

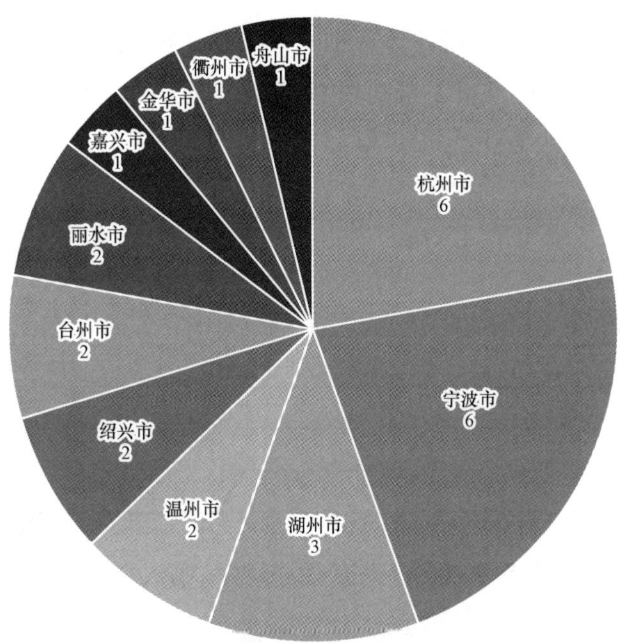

图 3-1-2　浙江省各地市体育特色小镇数量（个）

动项目的竞赛表演、运动观光、运动康养、运动休闲度假、运动探险的理念逐渐在乡镇扎根，为有效助力乡镇经济、社会、文化的发展做出突出的贡献。

据不完全统计，自 2017 年浙江省启动体育特色小镇认定工作至 2019 年，三年间各个体育特色小镇的运动休闲收入和运动休闲体验人次持续增加，2019 年共有 2 300 万人次参与过浙江省体育特色小镇的运动休闲体验，产生运动休闲收入超过 56 亿元，人均消费约为 243.64 元。突如其来的新冠疫情对于体育特色小镇影响重大，2020 年体育特色小镇收入较 2019 年总体下降 11.6%，运动休闲体验人次总体下降 10.76%。

3. 品牌效应溢出，市场主体涌入

优美的自然风光、宽松的运营环境、积极的培育政策吸引着国内外知名的体育企业、运动俱乐部相继在体育特色小镇扎根。截至目前，浙江省体育特色小镇重点企业有 67 家，2020 年营收超过 40 亿元。从业人数在 100 人以下的小微企业较多，占比 74.6%，构成体育特色小镇建设的重要力量，2020 年创造营收超过 8 亿元。体育企业的持续运营还有效优化了乡镇体育产业结构，丰富体育产品供给，促进城乡体育产业融合发展，改善了体育产业供给要素和供给结构水平。调研的体育企业中共有服务业企业 56 家，2020 年创造年度总营收超过 10 亿元，带动约 5 000 人就业。共有体育企业 34 家，其中 24 家属于体育服务业，如图 3-1-3 所示。

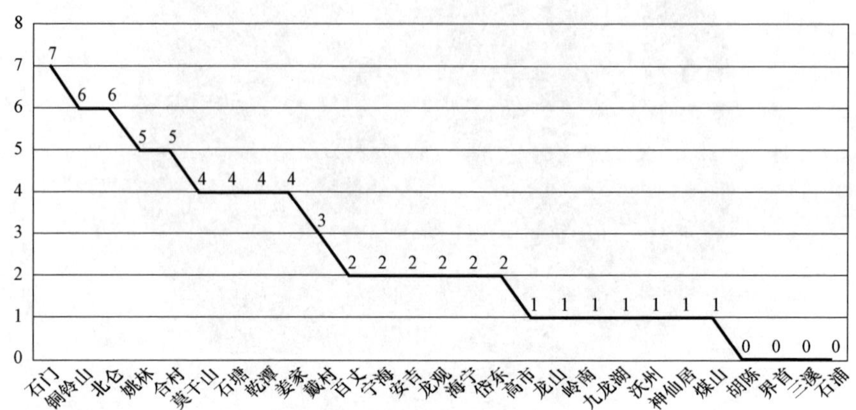

图 3-1-3　浙江省体育特色小镇重点企业数量

4. 多元主体供给，总体建设良好

值得肯定的是，即使受到疫情影响，社会资本投资热情依然不减。自 2017 年至 2020 年，乡镇运动休闲设施建总投入约 220 亿元，其中，政府投入约为 80 亿元，社会资本投入约 142 亿元，四年间，社会资本投入比例持续上升。从 2017 年政府与社会资本投入比约 0.95，持续降低至 2020 年达到 0.34，浙江省体育特色小镇社会资本投资踊跃，市场欣欣向荣。其次，在疫情常态化的背景下，可以看到许多企业主动强化危机管理体系构建，企业间以此为契机，不断加强团结协作，进行联动促销活动，加速了区域体育旅游一体化进程。政府也积极帮助企业宣传推广，出台各种优惠政策，以消费券等形式刺激消费，建立合作平台，有效强化和促进企业间的合作，政企关系更加紧密，如图 3-1-4 所示。

5. 办赛热情不减，赛事力量不竭

此次共调研浙江省 27 个体育特色小镇重点赛事活动 90 余项，其中国际级赛事 13 项，国家级赛事 30 项，超过半数为多次办赛（举办 2 届及以上的赛事活动），赛事可持续性较强。千人级别以上的赛事有 27 项，总参赛人数

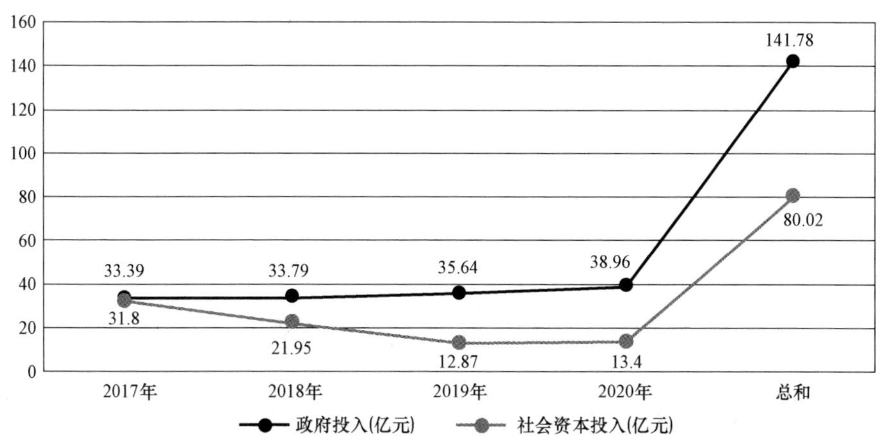

图 3-1-4　2017—2020 年浙江省体育特色小镇政府与社会资本运动休闲设施投入状况

超过 20 万人。赛事总投入约 1.2 亿元，其中政府、社会资本和集体投入比例分别为 45%、47%、8%，社会资本踊跃参与，社会资本投入为主（社会资本投入大于政府投入）的赛事共有 21 项。乡镇赛事活动赛事种类丰富，多为群众参与性赛事。山地运动类赛事活动（包括越野跑、山地自行车、登山、攀岩等）最多，其中又以越野跑赛事为首。2020 年《户外探险》杂志选出“2020 年国内最具影响力的十大越野赛”，被认证竞赛水平最高的“宁海越野挑战赛”和“网红打卡”式赛事体验的“莫干山跑山赛”都出自浙江省体育特色小镇。由于 2020 年疫情和 2021 年甘肃白银越野事故，各地赛事活动或延期或取消，越野赛事被按下暂停键，即便如此，越野人依旧坚持路跑，这种体育情怀是支撑体育产业，支撑体育特色小镇发展的不竭力量。作为山区 26 县之一的江山市，从 2013 年以来，先后主办了非常多的国内外重大体育赛事和大型节庆活动，其中包括全国新年登高大会、Maxi-Race China 江山 100 国际越野跑和国际徒步大会等。这些赛事一个接着一个的举办，不仅仅对提升本地运动休闲旅游品牌的知名度有了非常明显的效果，同时也让本地村民的生活水平有了很大的提高。同时，这些活动还让村际关系、邻里关系更加友爱、干群关系得到了改善。它们修复了乡村社会人际之间破裂的关系，同时对乡土社会现代化和城镇化的建设与治理产生了良好的效果。这些活动的成功举办为乡村振兴注入了体育的精神和力量，为当地的发展作出重要的贡献。如图 3-1-5、图 3-1-6、图 3-1-7 所示。

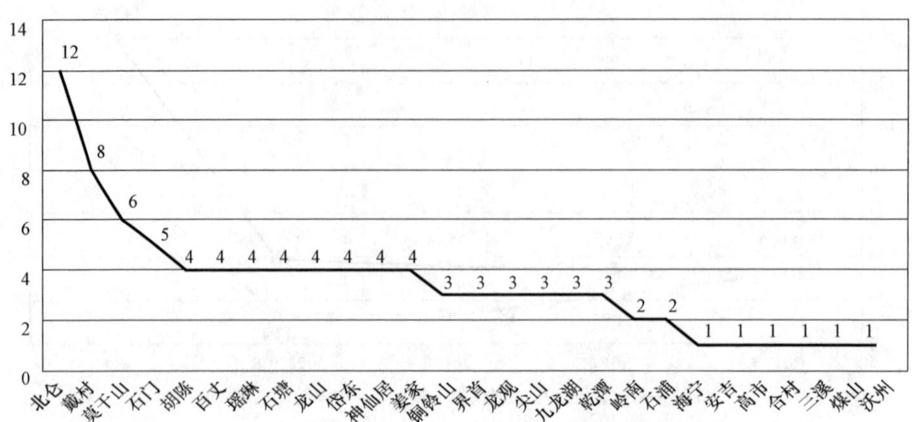

图 3-1-5 体育特色小镇重点赛事数量（项）

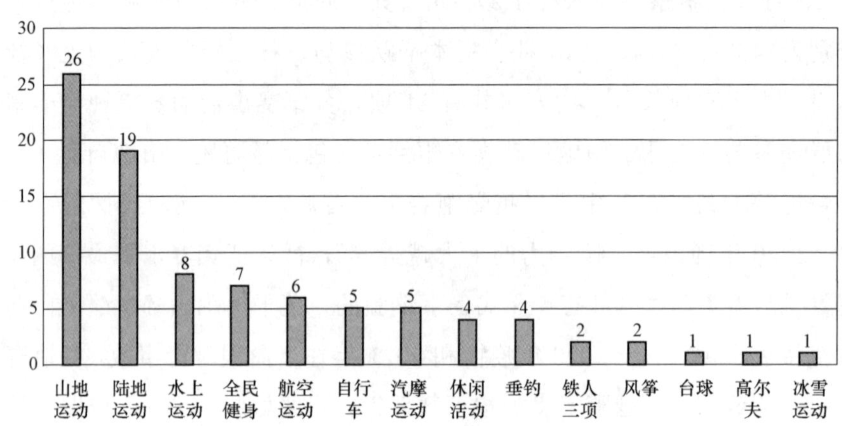

图 3-1-6 浙江省运动休闲乡镇重点赛事类型（项）

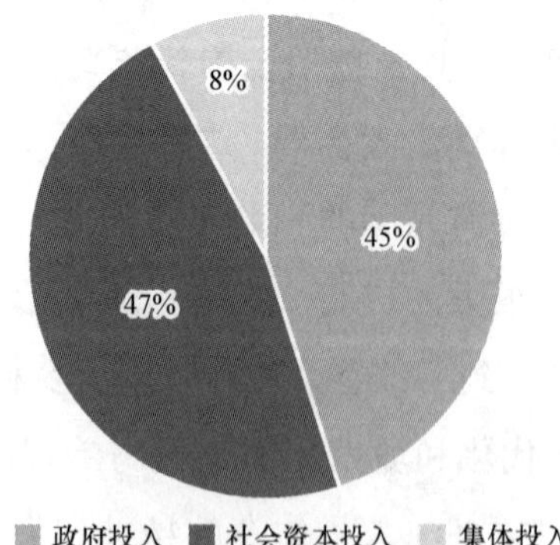

图 3-1-7 浙江省体育特色小镇赛事投入比例

（二）浙江省体育特色小镇发展问题

1. 经济效益发掘不充分

总体看来，目前我省多数体育特色小镇通过运动休闲项目创收，但尚未形成规模效应。现有的体育特色小镇多表现出体育旅游项目及业态不够丰富，上下游产业发展不成熟，体育企业、俱乐部往往规模小而分布散，体育企业总体缺乏竞争力和影响力，大多未呈现出集群化发展态势，项目集聚程度不高，产业规模较小，难以形成规模效应。其次，由于体育产业正处于发展初期，体育旅游发展基础较薄弱，资金、土地等资源投入不足，体育基础设施少、质量不高、发展不平衡，许多地区体育氛围一般，且配套设施相对滞后，配套供给和服务水平仍处于低端化，酒店、餐饮在内的基础配套服务和产品落后，体育旅游的带动消费能力并不是很好，没有十分精准定位开发出来同普通旅游业的营销模式，例如：类似的“吃、住、行、游、购、娱”。到目前为止，浙江省体育特色小镇中星级酒店数量仅仅为20家，星级饭店的数量也仅仅为24家，全部乡镇床位数总数加起来也不过是15万个不到，“留”不下来游客。并且，很多乡镇的企业是通过旅游类的企业转型而来，体育旅游的专业的属性比较强，在理解程度上开发主体就会造成过某种程度的偏差，造成体育和旅游产业结合的效果并不是很好。不同产业的企业之间也十分缺少合作平台以及合作的意识，大多还停留在简单的游客导流和产品打包，合作方式及社会网络结构较单一，相互间深度配合与协同带动作用不足，围绕运动休闲类旅游活动的相关消费未得到充分开发，难以充分发掘经济效益。

2. 资源限制亟待突破

体育特色小镇的开发需要依托自然、社会、人文等多种资源，当前各种资源限制已成为制约体育特色小镇发展的重点问题。第一，体育特色小镇发展所面临的资源供给政策不健全的问题。因为土地、山林、水域等一些非常重要的旅游资源归自然资源部门和环保部门这两个部门管辖，所以公共政策的资源供给至关重要。但目前体育特色小镇的发展阶段，对于某些资源的限制和供给依旧不是很明确，并且相关的一些政策设置也不是非常合理，依旧处在不断地磨合和探索阶段中。此外，一些体育项目开发与环保政策存在冲突，如非动力型游船、皮划艇等项目因与现有水域管理政策存在冲突而无法入驻，阻碍了开发投资，从而让体育特色小镇的发展受到一定的局限性。第二，我国的土地资源非常有限，而且长期以来，土地资源的利用和开发一直存在诸多限制问题。例如，由于现行的行政管理体制存在政府官员的交流和调任等制度，不同届政府官员对于体育旅游发展和体育特色小镇建设的理解存在不同，这非常有可能导致体育特色小镇的规划缺乏长期性和系统性，建设目标和实施路径也不够明确和具体，从而降低了其可操作性和持续性。虽然多数体育特色小镇均有规划，但所有体育特色小镇中有详细规划的仅 3 家，体育特色小镇缺乏长期可持续的规划，规划前瞻性不足，土地规划报批不到位，土地等资源规划不能满足乡镇开发的及时性需要，导致招商引资难，许多优势体育项目无法落地，企业不愿入驻。一些工程出现违建情况紧急拆除，最终导致资源浪费。

3. 政府支持有待提升

浙江省体育特色小镇开发主要由各地政府推动，当前，体育旅游产业刚刚兴起，缺乏完善的体制机制，监管机制、安全机制，市场环境不够稳定，各个环节都需要有为的政府在背后给予体育企业、体育项目、企业家们信心和强有力的支持。目前，各地政府在财政扶持领域存在多种多样的政策和范围，然而在选择本地的重点产业时，政府往往会有一定的偏好和倾向。由于政策和资金都是有限的，因此并不能有效地促进体育产业和体育旅游的发展。这种情况导致许多体育特色小镇建设缺乏刺激政策，同时企业的研发和创新动力也相对不足。加上体育旅游是一个多部门相关、交叉、连接的复杂领域，这种固有的复杂性导致体育旅游开发涉及不同部门、组织，具有不同文化、利益和目标，各部门组织界限明确，条块分割严重，“敏感线”诸多，尽管我省很多县和以下地区已经将文化、体育和旅游部门进行整合，但是这些政府机构之间还没有真正实现体育和旅游部门内部的相互结合。这两个部门之间的联系和协调不够紧密，也缺乏促进融合的激励机制，因此融合的动力不足，难以实现共建共享。资源流动性不足，难以实现利益最大化。还有一些政府服务意识较弱，缺乏担当，相比雪中送炭，政府更多采取锦上添花的行为，不能积极主动为市场主体创造开放的市场环境。随着体育消费市场高速发展，娱乐性、趣味性和刺激性的项目逐渐兴起，时尚运动成为各体育特色小镇消费新的突破口，但一些项目由于没有先例、存在风险、管辖部门不确定、监管信息知晓难度大等原因，政府不愿承担风险，导致这些新兴项目难以落地和有序发展。

二、浙江省体育特色小镇发展对策

（一）优化政策解读，促进全面发展

新政出台要按照“谁起草，谁解读”的原则，明确解读责任，规范解读流程，严格解读时限，要求各地区有关部门落实召开政策解读会议，进一步深化信息公开工作。扩大体育特色小镇宣传，增进各地区、各乡镇包括全体大众对相关政策措施的理解认同，赢得更多信任和支持。定期组织会议、论坛，召集有关领导、各地区相关负责人、企业家、小镇导师等成员共同学习、交流，加强体育特色小镇政策解读，帮助各乡镇了解相关政策咨询，激发政府开发热情，提升市场活跃度。鼓励走在前列的乡镇进行经验分享，树立体育特色小镇建设样板，帮助浙江省各地区读懂体育特色小镇，学会申报体育特色小镇，尝试开发体育特色小镇，更好建设体育特色小镇。

尤其应注重相关政策在自然资源禀赋优越，但经济基础、体育发展基础较薄弱的地区的宣传和推广。体育特色小镇评选应优先考虑以山区 26 县为主的落后地区，加大帮扶和宣传力度，深化政策理解，实现运动休闲资源的有效对接，引导体育旅游项目和专项资金向其倾斜，充分调动积极性，有效发挥山区 26 县独特的优势，其山地地貌和良好的生态环境是发展户外运动的先天禀赋，鼓励这些地区积极申报体育特色小镇，并加强基础配套设施建设，优化体育产业发展基础，促进各地区间的全面发展。

（二）构建产业体系，促进规模效应

以保护环境为基础，依靠政策规划作为保障，培育和扶持市场主体，拓展多样化的体育旅游业态，不断完善和优化产业链，从而形成以健身休闲、

体育培训、体育赛事、体育传媒与信息服务等多方面全面发展的产业体系，达到整体规模扩大、促进一定的规模效应，最终实现促进各利益主体永续生存与发展的目标。将把培育优秀的体育企业和俱乐部作为发展的核心，积极邀请一些优秀的体育企业来到特色小镇，提高这些企业的实力和影响力，鼓励更多企业提高品牌知名度和效益，同时提供各种丰富多彩的体育产品和服务。目标是把这个特色小镇打造成为浙江省体育企业发展的优质平台，增强市场主体之间的联系和合作，鼓励企业共同合作，成立体育协会等相关行业协会，通过这些协会规范市场，促进不同业态之间的互联互通。将培育产业投资平台，扶持优秀的体育企业和项目，打通产业孵化的创新链条。

（三）重视政策制定，建立动态评估机制

政府需要制定可操作的体育旅游发展政策，其中要明确当地的发展方向、要求、理念等重要战略内容。政策制定需要关注公众、组织、资源（或设施）三大要素及其互动关系，以推动当地体育旅游的可持续发展。做好顶层设计，制定体育用地目录等相关条例、资源政策。突破体制机制，拓宽沟通渠道，建立常态化沟通机制，促成各方的正式与非正式会谈，实现各部门间的有效融通和互惠互利，建立利益相关者的合作规划机制，达成有关体育特色小镇开发的统一协定意见，联合相关部门出台相配套的土地等相关文件，建立正式的长期协调规划和战略，实现政策规划的衔接、配套、一体化和可持续性，搭建共建共治共享平台，管理体育旅游产业各部门及相关利益方应该知道自己的职责所在，并能够确切保证在遇到安全审批等各种难题时有可靠的途径、策略和法规依据。推进体育特色小镇现代化建设，形成部门协同、责任清晰、分工明确、共同治理的工作模式，以共同维护体育特色小镇建设的稳定发展。

建立动态评估机制，形成动态评估体系，实施评估反馈机制。组织有关部门和专家考核体育特色小镇规划可行性，并定期对规划实施情况进行评估，确保申报有规划、规划可实施、开发可持续。根据规划提前完成各项报批、审批工作，将体育特色小镇建设纳入当地整体发展规划当中，保证各届领导班子持续沿规划方向落实体育特色小镇发展目标。要求入驻企业有发展

规划，明确用地规划，正视土地保护利用问题，发挥地方政府制度创新性，提升村民自治，完善土地流转机制，健全土地管理制度，推进乡村治理现代化，有效盘活农村土地资产，对违规建设保持高度敏感，杜绝先建后报、先建后拆现象。

第二节　浙江省体育特色小镇发展趋势

一、宏观政策

体育特色小镇的建设对于新型城镇的创建非常有帮助，并且对体育资源的供需结构性改革的推动也十分有利。2017 年 5 月，《关于推动运动休闲特色小镇建设工作的通知》由国家体育总局办公厅发布，该文件内容中明确了未来小镇建设的目标要求。2017 年 8 月，将 96 个体育特色小镇列为首次试点名单，该政策针对这 96 个小镇均会给予一定的资金支持，进一步对体育设施进行优化并将同时开展相关的赛事，吸引游客，增加关注度。连续不断的赛事对小镇许多产业的聚集十分有帮助，将体育作为重点，进而连带着推动体育生产性产业链和体育服务产业链的发展。基于以上政策的变动，以及健康中国战略的发展背景，体育特色小镇建设将正式进行启动，其数量也在持续增加，其中大部分还是户外运动。

国家这些政策不仅能够为体育小镇的建设规划了未来发展的方向，而且省级体育局的政策文件还为体育小镇的将来发展什么样的项目、建设什么样的区域以及资金支持来自哪里这些问题都作了非常详细的指导。比如说 2016 年，浙江省发布的 92 号和 93 号文件中就强调了要创新建镇，将新城镇的建设不断推进，要不断对小镇的基础设施方面的建设进行完善，让人们在想休闲健身以及消费的时候能够得到满足，进一步将体育产业同其他产业的发展相互融合，最终拉高浙江省份的 GDP。将各产业进行融合是当今社会全面发展的方向，体育局就指出要将健身休闲打造为重点建设项目，其中将乡镇建设作为主要的发展场地，建造一个有着体育特色且产业融合以及有着光明发展前景的体育特色小镇，以体育带动其他产业，最终带动整个浙江省的发展，为其他省份的建设作好榜样。2017 年 12 月浙江省发布《体育特色小镇梯次布局“体育+”迸发火花》，该政策对体育特色小镇再次起到了推动作用。

二、区域发展

体育特色小镇在中国也是开始起步，总体看上去发展不算平衡。南方地区较北方发展早，数量较北方多。

浙江省是中国发展体育特色小镇中最早的地方，小镇建设趋向于多元化，其中主要是健身休闲产业。在南部地区的体育特色小镇其种类较北方相对更加全面，数量上也更多。而其中体育赛事依旧是南方地区未来地区是否能够继续发展的一个主要因素。

这几年来，小镇建设过程中比较注重体育项目，如水上运动、山地户外，其中还包含着部分随着时代发展的新兴产业，例如自行车、徒步等，随着越来越多的人参与其中，小镇的市场需求也在不断增加。基于供给侧结构性改革，需要不断将资源配置进行优化，供给效率要逐步进行提高，并在以上提到的项目基础上去投资和开发，建设小镇。浙江地区山地资源较为优质，根据当地地理形态，可以建造滑雪或者攀岩等场地。并且，像马拉松、徒步等项目也可以往特色产业方向进行发展。

三、持续创新，驱动发展

传统体育旅游主要是参与型与观赏型这两种类型，到现在为止，观赏型小镇还是会以观看体育比赛、训练等项目为主，参观游客互动较少。体育特色小镇和体育旅游都越来越看重参观者的参与程度，参与又分为了直接参与体育项目和通过 VR 等高科技让参观者感官进行体验等各种形式，这与观光式的休闲旅游是不一样的。在将来发展特色小镇的最终趋势应该是多种产业相互融合进行发展，可以是体育和互联网融合，也可以是体育和民族文化融合等等。当今社会，人口老龄化较为严重，也就是说体育健身需求的人会越来越多，这就导致体育特色小镇的人流量将会增多。体育特色小镇就是将基于体育产业，并不断发展集健身与康养功能的特色产业。在《健康中国 2030

规划纲要》的要求下，人们的体育素养有了明显的提升，人们的身体健康程度也在不断增强，所以说在打造小镇过程务必增强体育参与功能，向着集观看和参与于一身的体育特色小镇出发。总的来说，将来的体育特色小镇会发展成为一个健身产业的非常重要的平台。

不断去创新发展的模式，将多种产业相互结合，并跟紧时代的步伐，采用高科技为游客带来更棒的参观感受。同时，为体育产业和其他产业的融合和发展建造平台。比如说体育+互联网，通过对数据进行一定分析，找准在建设过程中小镇的特殊定位，减少运营的风险程度，进一步将其他各种服务进行完善。

小镇发展建设过程中，管理机制也要与时俱进，针对某些地区或者项目，此时，小镇可以参与些许管理，这样能够增强军民的建设的主动性和积极性。融资过程中应该确保资本能够有序介入，小镇投资项目同样应该稳步的发展中，同时要将社会资本引进来，将优势的企业引进来，促进小镇的多元化发展，政府、企业、社会共同促进，充分流通资本要素，进一步更新小镇的产业以及项目的发展。还要注意社会发展过程的需求，进而小镇竞争力得以保证，以便为今后的小镇发展的产业升级。

第四章　国外体育特色小镇建设的经验启示

本章内容为国外体育特色小镇建设的经验启示，介绍了国外体育特色小镇的特征及建设模式、国外体育特色小镇分析、国外体育特色小镇建设的经验及启示三个方面的内容。

第一节　国外体育特色小镇的特征及建设模式

随着我国经济的快速发展，人们越来越重视并青睐体育休闲方式。体验式旅游、文化、健康等元素开始融入体育产业，推动了新型体育小镇的出现。随着我国综合国力的不断增强，我国建设的体育城镇数量也在不断增加。国外体育城镇建设起步较早，积累了丰富的经验。作者认真研究和整理了国外一些成功的体育小镇建设案例，希望为我国体育小镇的建设和运营提供借鉴和参考。

一、国外体育特色小镇的特征

（一）体育小镇是社会化进程的产物

体育社会化进程、自然环境和人文环境的双重作用推动了国外体育小镇的诞生并促使其发展。一个地方风景秀美、景色壮观、气候宜人，加上能为人们旅游观光或户外运动提供方便、吸引力强，往往会成为国外体育小镇的选址。生产力的提高为人提供了开发和改造物质环境的工具，精神文明水平的提高则催生了人身体和情感上的需求，使人返璞归真。具备了自然环境、物质基础及精神文明这三方面的条件之后，国外体育小镇随社会的发展应时而生。

（二）体育小镇由“附属经济”到“主导经济”的角色转变

作为第三产业的体育小镇，其主要经营业务具有服务性质。回顾国外体育小镇的发展历程，其最初只作为一个纯粹的单一项目出现。这种经济形态出现的原因使其他经济体对其进行了资本投入，使其具有资本优势和地理优势。在体育小镇的初级发展阶段，其产业一直附庸于其他经济体。在其后期发展过程中，已经摆脱了自身的附庸地位，具有更大规模的经济形态，不再依赖于其他经济体，逐渐形成自身独具特色的核心产业集群，在贡献当地经济的同时，也对其他经济体的发展多有裨益。

（三）体育意识向体育文化的升华

现代体育运动项目来源于欧美等西方国家。翻阅体育赛事的发展史，我们可以发现，欧洲文艺复兴前后的几次社会变革逐渐增强了人们崇尚健康的意识，早期的贵族当中，有一部分人开始有了强身健体的意识。随后，在欧洲国家人民冒险精神的驱使下，体育运动进入了创新发展的阶段，许多新运动项目也进入了发展期。后来，生产力的提高和经济的发展使人们有更多的时间放松和追求身心健康，从事相关运动的门槛越来越低，而这使得体育运动慢慢跨越阶层广泛普及。至此，通过体育进行健身娱乐已经从一些人的自觉行为发展成为一种体育文化现象。这种体育文化氛围随着后来体育的商业化而不断增强。

（四）体育小镇类型的细分和主题的突出

我们都明白，市场的发展前景呈现出高度专业化和精细化的特点。到目前为止，作为市场经济的一部分，国外体育城镇这一产业经济体系已具备了完整的产业链，其发展趋势也与整个市场的发展前景相契合，呈现出高度专业化的特征。每个城镇的主题都有各自的特色，并且具体项目也可能会有自身的风格，这体现出了体育小镇发展的精细化特征。设置自身主题的过程也是塑造小镇品牌的过程。我们可以按照体育小镇的主题和功能将其主导项目归为产业型、康体型、赛事型和健身休闲型几类，在打造多元化、多途径发展的项目的过程中确立体育小镇的主导产业。

（五）市场和协会对体育小镇发展的共同作用

体育产业呈现出社会化的发展趋势，国外体育小镇在这一趋势中就此诞生。体育小镇依靠民间资本、企业和行业协会维持自身运营。民间资本投入到这一产业，可以愉悦人的身心，更有群众基础，同时为企业的持续成长和回馈社会提供经济支持；行业协会是在某个体育项目初具规模后成立的一种组织形式，专业化的项目管理可以使之有更好的发展。在市场经济条件下，民间资本和行业协会的共同作用能够使体育小镇得到更好的发展。

二、国外体育特色小镇建设的模式

（一）运动休闲型体育小镇

1. 建设模式特点

运动休闲型体育小镇的聚会往往更具多元化、参与性和体验感，此种小镇顾客的消费类型具有大众消费的性质，通常具有优美、良好的生态环境。来这里游览的游客可以体验传统体育运动、冰雪运动、山地运动、球类运动、水上运动和特殊运动等多种休闲运动。运动休闲型体育小镇是体育、文化、旅游、健康、休闲的统一体，其体育运动项目以休闲为特色，它的发展能够将旅游、教育、医疗等相关产业带动起来。

2. 理论小结

运动休闲型体育小镇一般依靠景区发展，与旅游相结合进行建设。从规模的大小来看，应该是小镇或者小城。它们大多建得较早，具备发展体育运动的条件，如气候、地理、基础设施等。小镇通常具有一个或多个具有高热度的核心资源项目，这些体育项目具有参与性，以休闲为核心功能，同时满足不同年龄段人群的体育需求，形成具有体育休闲、娱乐、教育等功能的项目组。人群大量汇聚需要基础设施有更清晰的观感度、更强的承载能力以及更完善的配套设施。除此之外，将辐射范围内的观众总数和消费频率作为考虑因素，运动休闲型体育小镇围绕城市圈或大型旅游目的地进行建设更为合适。

（二）产业型体育小镇

1. 建设模式特点

产业型体育小镇的基础业务为生产制造体育用品或设备，兼营研发、设计、展示、贸易、物流等业务，横跨文化、互联网、科技等领域，融合二、三产业，形成上下为一体的产业链，最终构成产业簇群。这种类型体育特色小镇建设的理论与实践研究的城镇一般分布在大中型城市周围，以制造业及其上下游产业为核心，以休闲体验为支撑、随城市发展进程变化。在产业空间布局方面，其结构具有“一中心，多散点”或“大分散，小集中”的特点，即将核心企业为产业中心，围绕产业中心配置相关企业而形成的布局结构。随着体育产业的不断发展，一些中小城市和小城镇利用它们独特的体育产业优势，依靠产业链之间的合作和联系，形成集聚效应，开拓了小镇的特色发展道路，促进了当地经济的发展。

2. 理论小结

产业型体育小镇的建设主要集中在两个层面：一是确定建设方向，建设体育产业，形成相对完整的产业链。具体而言，小镇需探索和完善工业资源，聚集人才、科技、信息、资本和其他元素，再加上自身内在发展优势、以确定主要产业的发展方向，并形成相关的服务产业和配套产业，打造一个产业链的发展架构。其中，具有先天发展优势的产业资源包括体育某一细分领域的装备用品制造，以及难以复制的先天市场环境。二是找到合适的衔接点，将体育产业与旅游等其他产业进行整合，延伸至第三产业，使项目更具体验感，更能促进游客消费，即围绕优势产业对文化、教育、健康、养老、农业、水利、林业、通用航空等产业进行充分选择，在此基础上加以链接，拓展产业领域，促进人群消费，提高产业价值。

当今，体育产业已占据了更多的市场份额，其在部分发达国家中甚至比汽车产业产生的经济贡献更多。当地特色体育产业是产业型体育小镇的优势产业，体育小镇能够结合旅游、休闲等产业链，把握优势产业发展时机创造产值，带动体育小镇所在地经济的发展。

（三）康体型体育小镇

1. 建设模式特点

和运动休闲型体育小镇相同，康体型体育小镇也具备良好的生态环境这一基础物质条件。康体型体育小镇将健康养生作为自己的定位，通过体育运动这一载体与旅游度假相结合而发展。老龄化社会的加速发展也暴露出了食品安全、生活压力等问题，人们对自身健康的重视程度越来越高，康体型体育小镇在这一背景下应运而生。康体型体育小镇的体育项目以健身、养生、养心、教育为核心功能，它具有两大发展基础：一是独特的康养自然资源，如温泉等；二是传统的康养人力资源，如太极拳、瑜伽、冥想等。不同于休闲型体育小镇，游客在其体育项目中的运动量更小、运动频次更少、运动风险也更低。在体育项目的众多功能中，康体型体育小镇更侧重健身、养生、养心、养颜等方面，它的客户群体多为高端人群，尽管这类客户数量较少，但其具有较高的消费能力和消费水平。随着经济实力的增强及生活水平的提高，人们对养生的需求也水涨船高，康体型体育小镇在这一情况下逐渐受到人们的重视与喜爱。

2. 理论小结

康体型体育小镇是以健身为导向的体育小镇。其创建的重点是满足养生人群、亚健康人群、中老年人群的不同需求，提供有针对性、完善的健康硬件配套设施和健康服务，最终打造全新的健康生活方式。它通过与旅游产业的融合，满足人们日益增长的健康需求，打造包括养生环境、体育健康项目、体育健康服务及养生居住四大体系的度假综合体。

养生环境是此类小镇建筑群的主要基础。养生环境的建设要立足自然生态环境，突出区域养生资源的特点，如气候资源、水资源、森林资源、山资源、温泉资源等。体育健康项目和体育健康服务是此类小镇的两个核心。体育健康项目以体育运动项目为主，如徒步旅行、瑜伽、太极、自行车、游泳、高尔夫等，另外还有其他健康项目，如温泉健康项目、心理静修项目、健康饮食项目、科研训练项目等提供支撑。体育健康服务包括健康体检（心肺功能等健康指标检测）、私人定制个性化健康计划、医疗辅助服务、健康指导员培训和指导服务、中老年人紧急呼救系统全覆盖、护航等专项服务。多元化的居住产品布局，可以满足人们长期、中期、短期的养生生活需求，是度假综合体养生生活的主要体系。

（四）赛事型体育小镇

1. 建设模式特点

单项体育赛事具有一定影响力时可以延伸其相关服务，同时加入休闲体验活动，由此形成的体育小镇称为赛事型体育小镇。体育赛事尤其是大型国际赛事往往最受瞩目、也最具有影响力。优越的场地条件、高标准的活动场地和高水平的活动服务能力是作为主办地的赛事型体育小镇必须具备的基础。赛事型体育小镇的盈利方式主要有两种：一是比赛期间产生的直接的经济收入；二是由于举办大型赛事，当地的知名度提高，其基础设施得到了完善、人口素质也大有提升，本地政府也给予其更高层次的政府资金和政策支持，所有这些条件产生间接的长期利益。我们可以得到这样一个观点：每个体育小镇都以举办某一体育子项目的最高级别赛事作为自身的发展方向。

2. 理论小结

把赛事举办好，同时在赛中及赛后有效利用活动场地，辅以多元业态，这是创建体育赛事小镇的关键。每项赛事都能通过自己的特色构成一个独特的体育品牌。提高硬件上的建设要求、软件上的服务水平及游客的观赛体验，是组织者创造较高经济价值的途径，不管是引进体育比赛还是自己培养体育赛事皆是如此。赛事型体育小镇的场地、设施、人力资源在比赛过后也需要进行充分利用，赛后可以通过三个途径实现赛事型体育小镇的价值：一是在原有的场地中对教练及运动员进行培训或每日展开训练；二是借鉴其他品牌的运营模式，开展体育赛事 IP 的主题活动、举办周边娱乐活动以延伸体育赛事的品牌价值；三是将娱乐、大众、医疗等类型的体育、休闲活动与各类美食节、音乐节等大型活动结合起来，在发展体育的同时打造旅游产业。

第二节　国外经典的体育特色小镇分析

一、赛车小镇：印第安纳波利斯

（一）印第安纳波利斯赛车小镇概述

印第安纳波利斯是美国印第安纳州的最大城市，也是印第安纳州的首府，是美国第四大州首府，位于印第安纳州的中央，市区面积 911.7 平方千米，拥有 80 多万的人口。白人占总人口的比例为 69.09%，黑人则为 25.5%。印第安纳波利斯属马里恩县，其占据了马里恩县绝大部分的土地。马里恩县实行市县政府合一的治理方式，除印第安纳波利斯外马里恩县还有 8 个独立市镇。于 1820 年开始建立，1847 年成为一座独立的城市。印第安纳州府于 1825 年 1 月迁至印第安纳波利斯。

（二）印第安纳波利斯赛车小镇的成功要素

第一，特色赛事是重中之重。印第安纳波利斯赛车场是著名的印第安纳波利斯 500 英里大奖赛（Indianapolis 500）赛事的举办地。500 英里汽车比赛每年都在此举行，而这一比赛算是全美的盛事。赛事于 1909 年首次举办，在美国文化中具有相当重要的历史意义。附近费姆斯特汽车博物馆的赛车厅展有 1909 年以来的各种赛车。

第二，具备完善的基础设施。由于连接了美国中西部铁路货运，印第安纳波利斯具有“美国的十字路口”的美誉。美国最古老的联合车站之一就设立在这座城市，至今这座车站仍承载着来往旅客前往他们想去的城市。

作为赛车小镇的印第安纳波利斯，有着专业的赛车道。印第安纳波利斯赛道最初由 300 余万块砖头所砌成，因此“砖厂”之名不胫而走，启用于 1909 年，在 1950 年到 1960 年举办过 11 次 F1 大奖赛，并在 1961 年改铺柏油路面，历史悠久。印第安纳波利斯在确立添加一级方程式大赛的目标后，于 2000 年重新设置了跑道。新赛道路线的设计以原本椭圆形的赛道为基础，起跑方向由原来的逆时针改为现在的顺时针。

第三，经济实力是城市发展的物质基础。1847 年，印第安纳波利斯开始运营了第一条铁路，即麦迪逊—印第安纳波利斯铁路。随后，印第安纳波利斯建立了公路和铁路干线网，成为农业和牲畜毛皮产品的交易集结之地，以交通动力推动了美国的西部发展和移民。印第安纳波利斯的发展速度较快，在美国各大地区中占据了第 12 名的排位，同时也是印第安纳州最大的城市。工业革命时期的印第安纳波利斯成长迅速，拥有该州规模最大的工业集群、粮食市场和芝加哥以东最大的牲畜市场。无论是面粉和肉类加工业等劳动密集型产业和资源密集型产业，还是汽车零部件、金属制品、飞机发动机和制药、电机和电子等资本密集型产业，都汇聚在印第安纳波利斯。在 20 世纪发展后期，随着郊区化背景下对土地的广泛利用以及种族关系的迅速恶化，印第安纳波利斯部分地区陷入了经济萧条。然而，在 20 世纪 90 年代，经济萧条地区开始复兴，促进了城市边缘的发展。现在，印第安纳波利斯再次繁荣了起来。

打造中小城镇体育特色，需要具备一定的气候、地理、文化等基本条件，而小城镇的软硬件配套设施也需要时间积累。城乡统筹发展、高校体育蓬勃发展，为建设体育特色小镇提供了土壤。小镇特色赛事和精品赛事的创设，使这些城镇和城市扬名，更容易取得良好的经济效益和传播效果。

二、网球特色小镇：温布尔登

（一）温布尔登发展概述

伦敦西南部有一个小镇以温布尔登网球公开赛闻名于世，这个小镇就是温布尔登。温网的历史可以追溯至 1877 年，其初始举办方为全英俱乐部，之后赛事的举办期限固定为每年 6 月的最后一周星期一至 7 月初。相比于全球四大网球公开赛中的其他赛事，温网具有最为久远的历史。温网开始举办后，就以其独特的魅力吸引着来自世界各地的游客，支撑着小镇的经济发展，同时也促进了小镇相关产业的发展。

（二）温布尔登产业体系

1877 年，首次温网如期举行。该场比赛由全英草地网球和门球俱乐部进行管理，以温布尔登 Worpl 路附近的一块场地作为比赛场所，只有男子参赛，且无混打项目。女子单打和男子双打比赛及女子双打和混合双打分别于 1884 年和 1889 年加入全英俱乐部。如今的 Church 路并非最初的比赛场地，温网的比赛场地曾于 1922 年进行过变更。温网和其他 3 项“大满贯”赛事类似，最初只允许顶级的业余选手参赛，直到 1968 年进入网球公开赛时期，这一情况才有所改变。网球公开赛时代的到来，使每位职业选手都憧憬获得温网的参赛资格。

温布尔登的 18 个草地、9 个硬地和两个室内场馆可以满足比赛的场地需求。由于中心球场容量最大，温网经常将其作为决赛举办地。温布尔登四个球场的容量分别为 15 800 人、11 400 人、4 000 人、2 000 人。每场比赛至少有 30 万现场观众和 5 亿电视观众观看，覆盖范围甚广。2016 年，温网的经济效益高达 2.03 亿英镑，其中 5 000 万英镑的收入来自于售卖门票、食物和周边商品，4 000 万英镑的收入来自于赞助商和供应商的资金投入，其余收入则源于转播分成。

（三）温布尔登成功要素

温网在漫长的发展史中也使网球得以延续发展，这使得其在网球赛事中的影响力和威望度得以加强。温网从 1877 年到现在，一直保持着自身的赛事传统，这已成为温网的特色。温网的某些规定与其他三大网球公开赛有所不同：参赛选手的球衣统一为白色，而球童则需穿绿色制服；对男选手的称呼比较直接，对女选手则使用敬称；温网种子排位的参照标准不是参赛选手的世界排名，而是其在赛场中的表现；温网主赛场只接受劳力士、汇丰、依云这几大赞助商的赞助。

参赛选手对温网如此向往的重要原因在于温网的奖金并不固定，而是不断增加的。温网的奖金设定也有较长的发展历程：1984 年，温网的奖金标准为——男子单打（以下简称男单）冠军的奖金额为 10 万英镑，女子单打（以下简称女单）冠军的奖金额为 9 万英镑；1985 年，男单冠军的奖金额为 13 万英镑；1987 年，男单冠军的奖金额为 15.5 万英镑；1991 年，男单冠军的奖金额为 24 万英镑，女单冠军的奖金额为 21.6 万英镑，即使在比赛初期就遭淘汰的选手也有一定的奖金额——男子 3 600 英镑，女子 2 790 英镑。直到今日，男女运动员在温网中可获得相同额度的奖金，温网所设置的奖金总额达 2 700 万英镑，超越了其他三大网球公开赛。（美网的奖金额为 2 600 万英镑，澳网的奖金额为 2 300 万英镑，法网的奖金额为 2 200 万英镑）。

温布尔登没有自身的产业支柱，故而温网及其周边活动是小镇创造经济价值的主要途径。作为基础设施，球场成为小镇的经济增长点，也带动了新餐馆、新照相室及新训练馆等基础设施的发展。除此之外，温布尔登还斥千万巨资，开展了众多项目。在比赛资源方面，温网的消耗量巨大，每年使用的网球超过 50 000 个，泡出的咖啡和茶超过 350 000 杯，由于奶油草莓是温布尔登的代表食品，使用的草莓超过 28 000 千克。

网球博物馆、球场就是温布尔登的重要旅游景点，在比赛期间，温布尔登重要的商品——温布尔登手巾可实现约 28 600 包的销售额；另外，在排队期间想要运动的球迷可以使用温布尔登的迷你型小球场，还可以看到候场对决的大牌球星；旅客们还可以在温布尔登搭帐篷进行露营。英国媒体曾经发表过关于温布尔登居民出租房屋的收入的报道，在温网比赛进行期间温布尔登居民出租房屋可获得的收入约等于其一年的总工资。由于生活在温网的举办地，温布尔登居民的生活水平普遍较高。

三、休闲登山小镇：夏蒙尼

（一）夏蒙尼发展概述

在阿尔卑斯主峰勃朗峰脚下，有一座依山而建的小镇连接着法国、意大利和瑞士，这个小镇就是法国中部的夏蒙尼小镇。夏蒙尼之所以具有“户外爱好者的乐园”“滑雪者的天堂”的称号，是因为现代登山运动起源于此，夏蒙尼仅 1.3 万的常住居民每年服务的登山滑雪者和日常游客却超过 200 万。

得天独厚的自然条件及丰厚的人文气息使夏蒙尼成为户外运动的胜地。小镇海拔较高，并且建立于山谷，想要登山的旅客可以从这里出发，背靠勃朗峰则使夏蒙尼在登山界的地位独一无二。夏蒙尼的登山运动拥有深厚的历史积淀和极高的成就，关于夏蒙尼的登山运动有这样一个故事：1786 年 8 月，猎人杰克·巴尔玛和医生米歇尔·帕卡尔通过夏蒙尼攀登珠穆朗玛峰，两人最终成功登上阿尔卑斯山的主峰——勃朗峰，这在历史上是第一次，因而吸引越来越多的人来欧洲登山，也使欧洲登山运动达到一个新的高度。这两方面的基础造就了夏蒙尼在登山界的崇高地位。

（二）夏蒙尼发展历程

夏蒙尼能成为体育小镇，原因在于 1786 年巴尔玛和帕卡尔的登山活动引发欧洲登山运动的高潮。1821 年开始，登山服务业在夏蒙尼的发展起源于 1821 年，当时小镇成立的第一个向导公司是由本地的向导组成的。夏蒙尼曾于 1924 年举办第一届冬奥会，此后，夏蒙尼建立了世界性的滑雪教练训练中心。至此，夏蒙尼已具备体育小镇的基本形态。

（三）夏蒙尼产业体系

夏蒙尼高山运动教育培训系统的完善程度举世无双，当地的代表性运动教育培训学校——法国国家滑雪登山学校（ENSA）在世界登山向导学校发展史上占据首要地位。ENSA 成立于 1943 年，其行政归属为法国的体育部，以“发展和提高山地运动水平，研究和分析山岳安全风险，训练高水平运动员”作为自身的发展目标。这座学校的培训、考核、认证标准十分严格，过去几十年中，国际上许多顶尖的向导和登山家都在此经过培训。

法国的法律体系对登山向导承担顾客行为的后果赋予法律责任，同时，这些向导大多因其高超的技术、丰富的经验、强烈的责任感闻名于世。国家滑雪登山学校培养的人才有几种类型：登山向导、滑雪教练、高山协作、救援、滑翔伞教练。学校的基础设施十分完善，可以满足教学、休闲、娱乐、健身、科研等多方面的需求。学校拥有六个会议室，每个会议室可容纳 20～80 人；其阶梯教室设备齐全，装有录像投影机，具有 220 人的容纳量；学校的宿舍楼有 132 个标间，还配有自助餐中心、健身房、器材室及科研场所。由于 ENSA 在此建立，夏蒙尼掌握着全球的登山标准，以其完备的培训机制和杰出的服务水平守护着当地登山产业的发展。

夏蒙尼的休闲产业布局如下：以专业化的教育培训机构保障休闲产业的发展，将多元化的休闲运动项目作为休闲产业的发展核心，同时补充完备的配套服务体系。

（四）夏蒙尼成功要素

夏蒙尼把登山作为本地最重要的产业，除了吸引游客，夏蒙尼还重视开发与登山相关的体育项目、赛事、休闲及文化艺术产业。夏蒙尼小镇的多元发展在吸引大量游客参观游览的同时也调动了游客的消费意愿。夏蒙尼小镇将服务内容由原来的“登山”改为“登山＋运动＋休闲”，使夏蒙尼在体育休闲小镇圈的影响力得以提升。

其一，在运动资源方面，夏蒙尼因其天然优势可开展多种运动项目。游客可以在夏蒙尼体验攀登、滑雪、高山滑翔、溪降等多种运动。2003 年，夏蒙尼还增加了越野项目，举办了世界上最负盛名的越野赛事——环勃朗峰超级越野赛，2016 年，2 000 多名越野跑精英和数万名跑步爱好者慕名前来参与这项体育赛事。

其二，夏蒙尼的休闲产业的配套设施及服务齐全而完善。小镇的导游公司专业程度较高，其 150 余名登山导游都已经通过注册，能为在夏蒙尼登山、滑雪的游客提供全方位的服务。旅客在此地的居住需求能够得到充分的满足，可以选择 50 多家星级酒店、青年旅舍、家庭旅馆、公寓、露营营地住宿，也可以选择提供物业接待服务的租赁公司和度假中心。想要购买登山、滑雪、纪念品等体育用品的游客可以从夏蒙尼 40 多家商店中进行选择，在运动之余还可以享受夏蒙尼传统美食和西式休闲美食。夏蒙尼的医疗服务体系形成了“急诊＋医院＋研究中心”的特色，当地的医院、高原生态系统研究中心和山地医学培训研究所能全方位满足游客的医疗需求。游客在夏蒙尼不仅可以享受运动的乐趣，还可以欣赏阿尔卑斯山的美景。为便于游客观光，夏蒙尼在 1955 年正式向外开放缆车，打通了夏蒙尼和南针峰的渠道，使游客在高空中遍览冰雪风光。

其三，夏蒙尼不仅开发当地的体育资源和自然资源，还挖掘了本地的艺术文化资源。一方面，夏蒙尼将本地多样性的建筑风格转化为自身的独特魅力。夏蒙尼的建筑汇聚了不同时期的建筑风格，游客随处可见拥有数百年历史的巴洛克教堂、黄金时代的宫殿、“ArtDeco”式的建筑、奢华别墅、传统农舍和古朴木屋。另一方面，夏蒙尼在勃朗峰上举办的阿尔卑斯山音乐节，能够使游客在运动、休闲的同时释放自己的情绪，沉浸于美景及醉人的氛围当中。

四、蹦极特色小镇：新西兰皇后镇

（一）皇后镇发展概述

蹦极这项运动最早起源于新西兰皇后镇，此地群山环绕，紧邻新西兰的瓦卡蒂普湖。小镇规模不大，仅有 25 平方千米的土地和 14 000 多位居民。小镇的常住人口多从事旅游行业的工作。小镇同样具有完善的配套设施，在距镇中心 8 千米的位置设定机场，同时拥有包括皇后镇希尔顿酒店、里斯酒店等高端酒店在内的 800 多家酒店。

由于其独特的地势和风土风貌，皇后镇被探险爱好者赋予“探险之都”的称号。新西兰最高大的山脉为南阿尔卑斯山，南阿尔卑斯山多巉崖绝壁，高耸秀丽，峡湾环绕，是蹦极的绝佳选地。同时，皇后镇还拥有独特的风光——瓦卡蒂普湖的潮汐。因此，除蹦极外，滑雪、喷射快艇和山地自行车也是众多旅客热衷参与的项目。

（二）皇后镇产业体系

经过多年建设，皇后镇由单一的蹦极发源地逐渐发展为户外运动综合胜地。蹦极传统最初源于南太平洋瓦努阿图，而商业性的蹦极发源于皇后镇的卡瓦劳大桥，由新西兰人哈克特创立。为进行商业蹦极活动，哈克特首先成立了商业蹦极组织反弹跳跃协会，为给商业蹦极做宣传，哈克特从埃菲尔铁塔跳下，蹦极从此在全球普及。仅凭蹦极，皇后镇已独具吸引力。

由于地势多样，小镇还发展了其他极限运动，构成了极限运动集群。皇后镇位于南阿尔卑斯山南部，可以利用陡峭的山体、激流、山顶的冰川开展攀山、漂流、山地自行车和冰川徒步等项目。冬天的阿尔卑斯山银装素裹，是天然的滑雪场所，成为皇后镇的滑雪资源。毗邻瓦卡蒂普湖的皇后镇可利用开阔的湖面发展帆船、划艇和水上飞机等项目。除上述所说，小镇还可以使用滑翔伞、跳伞、热气球等设施。百变复杂的地理条件使小镇可以拥有众多类别的体育及休闲项目，其户外运动项目总数达200余个，因而也具有“探险之都”的称号。

尽管小镇在大力发展体育运动，天然美景的完整度也能够在此得到保证，使游客一边体验自然带来的惊险与刺激，一边享受美景给人的畅快与欣喜，所以小镇的休闲旅游项目也具有较高的知名度。瓦卡蒂普湖和南阿尔卑斯山拥有许多极富观赏价值的景色，例如米尔福德峡湾游船、萤火虫洞、观景缆车和皇后镇山顶观星。皇后镇的景色十分绚烂奇妙，婚庆产业应运而生，同时《指环王》曾将这里的景色作为创作素材，皇后镇也因此以《指环王》为主题开设了旅游路线。近几年，小镇着手开发像瓦卡蒂普湖北端的布兰凯特湾这样的高端度假旅游项目，并逐渐成为自身的特色之一。皇后镇还会庆祝南半球冬天的到来，于每年6月底到7月初举办新西兰规模最大的冬季庆典活动——“皇后镇冬之祭”。

（三）皇后镇成功要素

皇后镇的经济发展主要靠体育和旅游业来驱动。世界上的体育小镇大多以体育业作为自己的经济支柱，依靠体育和旅游业促进经济发展的体育小镇并不多见。体育、旅游业想要共同发展，需要户外运动作为链接，因此户外运动在皇后镇旅游开发体系中占据重要地位。皇后镇利用高山峡谷、湍流险滩、白雪冰川等地理特色，开发了多种户外运动项目，如激流泛舟、跳伞、滑雪、蹦极、喷射快艇、漂流、山地自行车等，成为来自四面八方的户外运动爱好者运动、娱乐、休闲的绝佳场所。

体育旅游的另一个要素是旅游。多元化的旅游产品可以满足各类旅游者的差异化需求。在游客体验了激动人心的户外项目之后，皇后镇凭借其美丽、历史和文化，开发了休闲度假、节日旅游、婚礼旅游等深度体验产品，也吸引了大量游客。

由于《指环王》的宣传，皇后镇“魔戒仙境”的名号已经在世界范围内传播。随着发展中国家国民可支配收入的提高及发达国家的经济复苏，皇后镇有望收获增量客流。

五、体育制鞋小镇：蒙特贝卢纳

（一）蒙特贝卢纳发展概述

意大利特雷维索省有一个小镇以手工制鞋闻名于世，这个小镇就是蒙特贝卢纳。蒙特贝卢纳的制鞋业历史悠久，且已发展成熟，当今，小镇掌握着全球约80%的赛车靴、75%的滑雪靴、65%的冰刀鞋和55%的登山鞋、25%的直排轮滑鞋的制作生产。蒙特贝卢纳的生产制造业已形成集聚效应，倒逼商业、居住及公共服务的基础设施发展完善，并构成“运动鞋生产集群+城市服务功能”的发展模式。

彼特拉克认为“登山活动是了解世界的一种方式”，蒙特贝卢纳的制鞋传统和悠久的历史滋养了当地的体育用品制造业。蒙特贝卢纳的体育用品制造业能够发展起来具有两方面的原因。首先，优越的地理位置为蒙特贝卢纳体育用品制造业的发展奠定了物质基础。蒙特贝卢纳镇既位于意大利北部畜牧业区的中心地带，其农业产品能够实现自给自足，又邻近佛罗伦萨（意大利的制革中心），因而文艺复兴之后制革工艺能够传播至此。其次，由于群山环绕，伐木业曾成为蒙特贝卢纳的主要经济支柱，催生了登山鞋的市场需求，因此登山鞋这一制造工艺也流传开来。

（二）蒙特贝卢纳发展历程

登山运动的兴起使市场对登山鞋的需求大大提高，由于制鞋工艺成熟和制鞋原料精良，自20世纪70年代起，蒙特贝卢纳开始发展冰雪活动运动鞋制造业，逐渐在世界上建立了自身的知名度，也使小镇产业链上下游更为集中。小镇体育用品制造业的发展引发世界知名体育品牌对户外运动产品市场的关注和资金投入。为融入当地的产业集群，各大体育品牌收购蒙特贝卢纳的公司或在当地建立子公司，例如 1991 年通过收购 Nordica 开拓户外运动市场的 Benetton 及 21 世纪前争先加入冰鞋、登山鞋制造领域的各大欧美体育品牌。

（三）蒙特贝卢纳产业体系

蒙特贝卢纳已经形成了一个庞大的运动鞋生产集群。镇上生产的运动鞋种类包括一般运动鞋、赛车鞋、足球鞋、网球鞋、跑步鞋、登山鞋、滑雪靴、冰刀鞋、直排轮滑鞋、溜冰鞋等，几乎囊括了运动鞋的各个种类。围绕着运动鞋生产企业，聚集了大量研发、设计、款式分析、配件生产、模具制作、制鞋机器及塑胶等产前配套生产企业，以及商业协会、中介、媒体、营销和配送等产后相关服务产业。制鞋产业链上的各业务公司超过 400 家，就业人员 8 600 余名，生产量达到每年 3 500 万双，年销售收入超过 15 亿欧元。

历史工艺、行业地位和较强的集群影响力，使蒙特贝卢纳在运动鞋领域（特别是冰雪运动相关运动鞋领域）具有重量级话语权。一方面，Nike、Rossignol、Lange 等国际知名运动品牌也进驻此集群，学习制鞋工艺；另一方面，Geox、Tecnica、Nordica、Scarpa、AKU 等国际顶尖户外品牌均发家于此。

同时值得注意的是，各类制鞋企业并不是在地理空间上绝对集中，而是以乡镇为中心，在 5 千米左右半径范围内沿道路发展，形成多个产业集群。设计、研发及配套制造等相关企业围绕核心生产企业发展，而商业、居住等城市配套功能主要集中在蒙特贝卢纳镇区。因此，核心体育用品的生产促进了上下游企业的完善，促进了服务业的集聚，促进了周边小镇的特色化发展。

第三节 国外体育特色小镇建设的经验及启示

一、国外体育特色小镇建设模式的共性经验

在建设初期，政府主导小城镇经营的现象时有发生；在建设过程中，公

私合作模式更为普遍；企业主导型项目正逐渐成为国外体育小镇建设运营的发展趋势。在目前情况下，各类体育企业仍是体育小镇相对重要的推动力量。

（一）科学选择体育小镇的主题定位

国外体育小镇主要是按照市场规律开发的，这与成本低、要素积累直接相关。国外体育小镇正在充分挖掘自身优质的生态和人文资源，努力促使龙头企业或优势产业聚集在体育小镇空间，最终意在逐步形成特色鲜明的体育产业集群。

欧美发达国家的运动休闲型小镇除了拥有得天独厚的风光资源外，每一个都主题鲜明，并与当地文化自然交融，让人印象深刻、流连忘返、终生难忘。运动休闲型体育小镇要致力于形成以下特色：（1）特色鲜明的运动休闲业态；（2）深厚浓郁的体育文化氛围；（3）与旅游等相关产业的融合发展；（4）禀赋资源的合理有效利用。

国外产业型体育小镇对环境和产业独特性有很高的要求，具体体现在国家的经济实力、金融发展、世界经济地位、地理位置、人才、税收、交通、环境、信息技术等各个方面。这些都是在特定的土壤中生长出的难以复制的特征。也可以说，国外传统工业体育小镇与工艺传承、产业积累、生态、人文、环境资源等因素密切相关，是天时、地利、人和的结果。此外，发达国家的实践表明，高端产业不一定要集中在大城市，并不是所有发展高端产业所需的人才都喜欢生活在大城市。这在一定程度上是经济水平和城市化发展的必然结果。

康体型体育小镇是在良好的生态环境基础上，以体育运动为载体，以健康养生为主要目标，努力发展旅游度假，更注重保健、营养、美容的功能。它们主要针对的是高端人群，虽然受众基数较小，但消费频率和消费总量较高。

赛事型体育小镇以具有影响力的单项体育赛事为核心，以赛事相关服务为延伸、以休闲体验活动为补充而形成。体育赛事是最受关注、最具影响力的体育活动，特别是大型国际赛事。作为东道主，体育小镇需要具备优越的场地条件和高水平的活动服务能力。

（二）建设专业且多样化的体育设施

体育设施已经成为人们生活中不可缺少的一部分。随着国内体育小镇的兴起，人们对体育设施的需求越来越大。体育小镇在发展过程中，尤其需要建设专业化、多元化的体育设施。从国外体育小镇的发展历程来看，由于体育度假和户外运动需求人群的高端属性，体育小镇的设施就必须齐全、格调高。山地运动、水上运动、冰雪运动和高尔夫运动占整个运动休闲市场的80%左右。此外，体育设施比一般的旅游设施投资更大、更专业，对相关教练员和维修服务人员的要求也更高。

作为以“体育”为核心主题的体育小镇，应充分利用城市公共空间，打造集体育、休闲、旅游于一体的功能带，不断完善健身设施。政府应加大体育设施建设投资，开发多功能、多样化的体育产品。此外，政府可以鼓励社会力量建设小型化、多样化的场馆和健身设施，通过购买服务提供支持。各级政府应合理利用景区、公园、公共绿地、广场和城市空地、因地制宜建设自行车绿道、健身路径、徒步道等全民健身设施，确保体育小镇体育设施的质量和数量。

（三）举办四季不休的体育主题活动

从经济基础和市场需求来看，大众体育是人们的生活水平达到小康甚至变得富有后展露的高端需求。为了使身体更健康、更健美，他们努力追求运动体验中的兴奋和快乐。从赛事特色来看，体育小镇往往拥有一个或几个重量级赛事，甚至是世界级赛事，借助赛事打造特色体育旅游品牌，引爆优势项目。此外，体育小镇可以集成其他活动，如围绕小镇资源做一些体育论坛、体育娱乐活动、亲子活动、嘉年华活动等，根据季节不同以及自身特色设计不同的主题活动，点亮自身特色运营，尽力保障一年四季都有人气，一年四季皆有特色体育主题活动，从而拓展体育旅游产业链。

在所有季节组织以体育为主题的活动，可以延长旅游季节和吸引游客，对体育小镇的推广起着不可替代的作用。举办四季不休的体育主题活动容易引起社会的广泛关注，可以迅速提高体育小镇的吸引力和知名度。因此，组织四季不休的体育主题活动，日益成为体育小镇发展的重要方式。

（四）打造差异化的运动体验

打造差异化的运动体验对于体育小镇的建设尤为重要。例如，新西兰皇后镇是新西兰的“探险之都”，世界知名的“户外运动天堂”，国际公认的世界顶级度假胜地。皇后镇聚集了大量高端户外运动，在这里，人们既可体验世界一流的冬季滑雪，还可尝试蹦极、跳伞、骑行、登山、峡谷秋千、漂流、喷射快艇、骑马远足、垂钓、高尔夫等，四季游玩皆宜，更重要的是他们可以在每一项运动中获得极致体验。例如，在自行车骑游项目中，人们可以选择平坦的观光车道、偏远的荒野小径，也可选择公路骑行、直升机登山，以及南半球唯一的缆车山地自行车下坡。这座 1 万多人的小镇每年会接待 200 多万名来自世界各地的游客。这里拥有全国最豪华的酒店设施、著名的葡萄酒产区和世界级的高尔夫球场，是冒险和享受的完美结合。新西兰皇后镇已经做了足够多的准备工作，为游客创造差异化的运动体验。游客高水平的参与性和体验性吸引了社会的广泛关注，这为皇后镇成为国际公认的世界级度假目的地奠定了一定的基础。

（五）塑造体育小镇的文化灵魂

从体育小镇的区位条件来看，运动休闲型体育小镇一般以著名景点为依托，而体育配套产业有的会集中在客源地，有的会集中在相关人才传统的聚集地。这些体育小镇的形成往往会受到历史、地理、人才、相关产业等多种因素的综合影响。

要使体育小镇标新立异，展现其特色，建设者就必须充分发挥文化基因的重要作用。文化是体育小镇的根脉和灵魂，每个小镇都有自己独特的文化基因。人们需要让文化基因成为体育小镇的灵魂，坚持创新、协调、绿色、开放、共享的新发展理念。体育小镇需在借鉴原有成功经验的基础上，重点在“特色”上做文章，注重突出自身特色，不重复，不千篇一律。只有将文化基因嵌入“城市、工业和人”融合发展的整个生产过程中，统筹生产、生活、生态的文化特色，并确定各自的文化基因，成千上万的城镇才可以有自己的特点，拥有不同的面孔。

（六）建立体育商业公共服务平台

在国外体育小镇发展过程中，地方政府的主要职能是改善基础设施，而且要率先改善交通、通信、排污等公共设施。此外，他们还充分考虑了休闲椅、停车场、公共厕所的安装，甚至道路自动收费设施、残疾人无障碍通道等，以及银行、商店、道路、交通、医疗、消防队等，以满足居民的各种需求。降低交易成本和城乡要素的相对价格，有利于加快特定空间内人才和特色产业的积累。

例如，德国为做好投资公共服务，建立公共设施的分级配给系统，提高了各级中心的相应属性，使之成为地方公共管理机构职责的重要组成部分，保证了地方政府在发展和运营公共服务中能够得到相应的支持等。

（七）重视小镇自然和人文环境保护

欣赏一个外国体育小镇就像欣赏一幅巨大的油画，无论走到哪里，周围都是森林、散发芳香的青草；天是蓝的，地是绿的；天高气爽，绿树成荫；方便安静，适合人类居住。这与国外体育小镇长年秉持绿色生态发展理念，在建设过程中强调环境保护，很少发展传统工业，尤其是污染较大的重工业、杜绝污染企业或者产业进入密切相关。此外，国外的体育小镇非常重视生态保护和体育文化的传承，致力于保护祖先留下的瑰宝。经过一代又一代人的传承，具有丰富历史文化内涵的体育传统与现代生产生活方式有机地结合在了一起。

二、国外体育特色小镇建设对我国的启示

目前，全国各地正在全面启动实施体育特色小镇建造工程，预计未来将出现数量十分可观的体育特色小镇。

体育小镇既不同于工业园区、风景名胜区，也不同于行政建制城镇。它们具有优美的生态环境、独特的产业定位、深厚的文化传统、灵活创新的管

理机制等独特优势。它应成为推进新型城镇化建设，培育新动能，实现创新发展、绿色发展的新平台，充当着区域经济社会发展的新引擎。那么，国外体育小镇建设模式给我们带来了什么启示呢？

（一）以“体”为基植入多元产业链

体育小镇，“特色”是关键。体育小镇的功能模块可分为核心层、外围层和相关产业层，“运营机构+体育运营+体育产业+体育地产”构成了上游产业层，衍生产业构成了体育特色小镇下游产业链。

例如，赛事型体育小镇通常以单一的体育活动或赛事为主，如户外运动，吸引喜爱体育的群体客户，带动周边产业发展，带动社会经济发展。这种类型的体育小镇主要结合了地理区位特征或地方体育产业特征。在产业生态链上打造单项体育赛事和单项体育赛事产业集群是体育小镇的发展特点。体育小镇建设要有完整的产业链，明确政府、社会资本、运营和开发企业之间的有效衔接和高效互动。体育小镇要发展，至少要具备产业升级、技术创新与植入、消费驱动发展三个基本条件之一。

（二）完善多元化“体育特色”消费链

体育小镇的形成，往往会受到历史、地理、人才、相关产业等多种因素的综合影响。意大利蒙特贝卢纳镇可以说是体育产业型特色小镇的典范，其围绕“运动鞋生产”这一核心主题形成了一个庞大、高效的运动鞋生产和服务集群，包括市场分析、产品研发、款式设计、配件生产、塑胶产品、机械及模具制作、打样、制鞋、营销、物流等各方面，就业人员 8 600 余名，生产量达到每年 3 500 万双，年销售收入超过 15 亿欧元。类似的案例还有很多，如瑞士滑雪胜地达沃斯、法国赛车运动小城勒芒以及美国的户外小镇等均打造了以一个核心产业为主的多元化的“体育特色”消费链。

随着我国中产阶级收入的快速提升、消费欲望的增强，特别是东部沿海地区，不论是消费能力还是体育运动需求都具备很好的基础。在这些地区，较高端的体育旅游度假市场蕴藏着巨大潜力，也是我国运动休闲特色小镇的主要市场客源地。因此，如何运用好自身优势，培育特色体育产业链，是中国体育特色小镇能否发展壮大的关键。

与国外相比，我国虽然自然资源丰富，在经济上或传统上并不逊色，但没有特别强的体育相关产业。因此，在创造体育产业项目时，首先，要注重不同业态的有机结合，以高娱乐性、低难度的设计创造适合中国人的体育产品，强化体育服务标准，培养消费者的体育爱好；其次，要以单项体育活动或赛事为核心，依托优质景区，吸引相关产业企业共同建设运营，形成体育产业集群和产业带。此外，体育产业除了整合旅游资源外，还可以整合文化、养生、养老等其他产业和功能。

（三）举办多元主题庆典活动

多元主题庆典活动不仅本身是一种重要的文化旅游吸引物，而且对延长旅游季节、扩大客源地理分布具有重要作用，也可以提升旅游区形象和促进招商引资。基础设施改造和静态吸引物的激活对体育小镇形象的整体提升和体育小镇产品的营销推广都具有不可替代的作用。因此，举办四季多样的主题庆典日益成为体育小镇运营的主要方式。小镇通过举办多主题活动，邀请行业专家、知名学者、商业精英等参观，可以与全国各地关心和支持体育发展的人士分享智慧。多主题庆典活动容易引起社会的广泛关注，可以迅速增加体育小镇的吸引力、知名度、美誉度和认可度。

（四）建立多元化的建设筹资体系

体育小镇需要以基础设施的投入为前提，但是对于一些财政实力比较薄弱的地区而言，大量的资金投入显然不太现实。因此，持续稳定的资金来源是体育小镇发展的关键。目前，地方政府也在积极推出各类体育特色小镇，相关数据显示，仅在 2016 年，国内进入建设阶段的体育小镇就已经超过 100 个，2020 年，这个热度持续升温。但是体育小镇的投资规模通常是几十亿，甚至上百亿元，政府往往处于两难的地步，一方面体育小镇必须以产业为主体，另一方面地方政府的财政债务压力过大。所以，过去城镇化推进过程中以政府出资或垫资为主的“地方债”融资模式，显然已经难以满足当今持续增长的体育小镇建设资金需求，而且如果依靠单体的公司来运行体育小镇的建设比较困难。因此，体育小镇需要建立多元化的建设筹资体系，建立以政府为引导、社会力量广泛参与的多元融资模式。引入社会资本、借助金融机构资金、保障政府政策资金支持，打通三方融资渠道，有益于最终实现体育小镇的整体推进和运营。

体育小镇投融资项目应以项目主体为依托，以未来收益和项目资产作为偿还贷款的资金来源和担保。融资安排和融资成本应由项目未来的现金流量和资产价值来决定。融资的基础是双方达成的权利义务和风险分担，包括前期的技术设计等工作，是基于体育小镇的预期收入、资产和相应的担保来融资的。首先，可以采用多种融资方式，包括银行或财团贷款、债券计划、信托计划、融资租赁、证券资产管理、基金管理、PPP 融资等。其次，引进外部资源，如发改委 PPP 项目办公室、国家开发银行、中国农业发展银行的款项等。此外，可以通过引进大量优质的 IP 资源进行融资，包括引进智力资本、引进成熟品牌等。通过建立多种融资模式，解决体育特色小镇资金不足的问题。

（五）保护体育小镇原生态自然环境

生态环境是体育小镇 GDP 的催化剂。发展体育小镇要树立绿色生态理念，完善绿色政策顶层设计，建设与运营全过程要强化绿色生态思维，产业选择须兼顾“特色”与“绿色”。发展体育小镇要牢固树立生态优先、绿色发展理念。体育小镇所要求的生态是红线、底线，也是优势所在。体育小镇要把生态文明理念和原则全面融入建设全过程和各领域，走出一条绿色、集约、智能、低碳的建设之路。小镇要创新发展绿色经济，努力实现百姓富和生态美的有机统一，真正实现低碳生活、和谐生产、宜居生态，进而还要做大做强生态优势产业、有效增加生态产品服务供给、使生态优势和产业优势逐渐形成浑然一体、和谐统一的关系，为绿色发展奠定坚实的产业基础。

体育小镇的发展不在于雄伟的建筑，而在于小巧玲珑、舒适宜人的空间环境。我们在塑造小镇空间环境的过程中，更要注意人们的感受和体验。在建筑标准和功能定位上，体育小镇强调生态的主题，强调绿色、节能，使用新材料和新技术来创建低碳、舒适、宜居的环境。体育小镇要节约使用建设用地，在规划区域内推进土地混合利用；应提倡绿色交通方式，提高绿色出行比例；要有效节约和利用水资源，提倡分散化和集中化相结合的水循环工程和水生态修复技术；应采取非工程措施应对洪水威胁，确保小镇发展建设的安全；要大力推广生活垃圾分类收集和资源化利用技术，降低城镇噪声、水和空气污染。此外，我们还可以利用生态环境的恢复能力，通过引入景观生态分析技术，如影像生物多样性调查（IBE），准确地保护和培育城镇的生态环境。

（六）提升小镇好客友善的人文环境

发展体育小镇是推动生态文明建设和实现绿色发展的试验。发展体育小镇应践行“绿水青山就是金山银山”发展理念，走“生产、生活、生态”融合发展之路。体育小镇，根在文化。既拥有现代化的生活，又保留乡土温情是体育小镇对时代问题的回答。体育小镇应深度挖掘历史传统、民俗文化，彰显小镇特色，结合现代生活方式，运用创意手段，融入生态绿色的元素，物质产品与精神产品并抓。体育小镇有必要发展生态循环农业，开发特色食品、健康食品，结合生态观光、农事体验、食品加工体验、餐饮制作体验等活动推动体验式休闲度假，促进自身创新融合发展。

体育小镇在发展自身特色的过程中，应放眼世界、立足本地、联结社区、扎根生活，自觉承担起本地文化挖掘、保护、传承、创新的责任，为体育小镇提供好客友善的人文环境。

（七）构建稳定、安全的环境与高效的救援体系

体育小镇的环境安全保护工作要放在更加重要的位置。体育小镇应构建稳定、安全的环境和高效的救援体系，积极预防和妥善处理环境突发事件。各地政府和环境保护部门要切实提高环境风险防范意识，定期组织环境应急预案检查和演练。环境保护部门还应认真管理环境应急响应的全过程，定期

组织大型环境风险调查活动。

综上所述，国外体育小镇的许多发展理念和实践值得借鉴和思考。我国体育小镇的建设要根据时间、地点和具体情况，循序渐进地进行。中国体育小镇不是一天建成的，这需要政府的正确引导，需要市场力量的强力推动，需要调动各方的积极性。只有这样，才能打造一个具有长久生命力和强大竞争力的体育小镇。

第五章　体育特色小镇提升路径

体育特色小镇是特色小镇与体育产业相融合而形成的具有体育特色的小镇，是我国体育产业和新型城镇化结合下的新业态。本章内容为体育特色小镇提升路径，阐述了体育特色小镇多维探索与治理逻辑、体育特色小镇的构建原则、体育特色小镇保障体系建构、体育特色小镇建设风险防控。

第一节　体育特色小镇多维探索与治理逻辑

一、我国体育特色小镇建设现状

（一）我国体育特色小镇建设规模

1. 数量迅速增加

到 2017 年年底，住建部已公布两批次共 403 个特色小镇，各省公布省级特色小镇名单 979 个、体育总局公布 96 个、房企主导建设约 150 个；市、县、区级别特色小镇也在积极创建。各主体累计创建特色小镇计划总量超过两千个。除了官方小镇，房企、产业园区运营商、互联网公司等积极以各种形式投身特色小镇项目建设，将“特色小镇”推向高潮。

住建部 2016 年 10 月 14 日公布第一批特色产业小镇名单，共 127 个；2017 年 7 月 27 日公布第二批名单，共 276 个。

自 2014 年体育特色小镇的缘起至今，体育特色小镇在我国经历了由探索到酝酿，经过近三年的时间，已经成为我国特色小镇建设中可圈可点的重要组成部分。根据赛迪顾问调查，2014 年我国体育特色小镇仅有 21 个；随后在 2015 年数量迅速上升，达到 47 个；2016 年 7 月住房城乡建设部、国家发展改革委、财政部联合下发《关于开展特色小镇培育工作的通知》，同年我国体育特色小镇的数量增长到 81 个，而截至 2017 年 4 月，我国体育特色小镇的数量达到了 150 个。

2. 区域布局

各类各地特色小镇统计入库共 1 628 个，各省平均 51 个，前三为浙江、山东、云南，最多为浙江有 140 个，后三为内蒙古、黑龙江、青海、最少青海 7 个；地域上东部占比 39%、中部 32%、西部 29%。

特色小镇数量在 100 个以上的浙江、山东、云南、海南为民营经济发达或文化、旅游资源丰富省份；特色小镇多集中在二线以下城市，作为直辖市，北京、上海特色小镇数量均在 20 个以下。

与传统新兴产业项目不同，体育特色小镇的区域分布尽管受制于地方经济发展水平，但也呈现出一定的区域平衡。在特色小镇的先发地——江浙一带，体育特色小镇的数量与建设进程都走在全国前列，但在体育资源禀赋丰富的中西部地区，体育特色小镇大有后来居上的势头，如西南云贵川渝地区，这说明体育特色小镇的建设既需要当地经济的强力支撑，又需要以特色体育文化为内涵。

任何体育特色小镇建设启动之前都有其明确的建设蓝图，即建设什么样的体育特色小镇。通过对当前我国体育特色小镇的统计分析发现，我国体育特色小镇的类型已基本确定，即产业型体育特色小镇、休闲型体育特色小镇、康体型体育特色小镇、赛事型体育特色小镇四种类型。

3. 建设模式

在明确了当前我国体育特色小镇建多少、在哪里建、建什么样的体育特色小镇问题后，如何建设体育特色小镇，即体育特色小镇建设模式成为社会各方关心的问题。建设模式是指人们在社会实践活动过程中所总结出的具有指导意义的行为方式，是指导体育特色小镇建设的成熟体系。我国体育特色小镇积极借鉴现有的成熟模式，创新发展新模式，有力地推动了我国体育特色小镇的建设进程。总的来说我国体育特色小镇建设共有三种较成熟的建设模式可供借鉴，即省地共建模式、“体育＋”模式和PPP模式。

（1）省地共建模式

中国体育特色小镇的省地共建模式，即通过一定程序遴选具有一定区位优势、资源禀赋和发展基础的小镇，由省级行政单位（一般为省体育局或省体育局联合有关部门）与小镇所在的县级行政单位（县、区、市）签订共建协议，共同参与小镇的建设与管理。

省地共建目标的实现要求省地两级行政单位共同建设、共同管理。共同建设要求省地两级政府在小镇建设所需的人、财、物等要素资源方面予以统筹协调，做到既能满足小镇建设的需要，又能实现资源的最大化利用。共同管理要求省地两级政府能够形成由上而下的两级管理与监督机制，确保体育特色小镇建设的有序推进和良性运营。

省地共建目标的实现要求省地两级行政单位各司其职、各尽其责。省地共建体育特色小镇对两级政府的岗位职责与要求不尽相同，省地两级政府在确保通力合作的基础上，还需进行合理分工、各司其职，避免政出多门、相互推诿。整体而言，省地共建体育特色小镇应以“地”为主，“省”则更多地为小镇建设做宏观上的谋划。

省地共建目标的实现要求省地两级行政单位有效对接、协同创新。有效对接是指省地两级政府在政策制定与实施、组织机构的建立与完善等方面实现上下对接；协同创新是在有效对接形成“协同”局面的基础上，整合资源创新小镇建设路径，实现“1＋1＞2”的效益。

（2）“体育＋”模式

体育产业是体育特色小镇的核心，以“体育＋”的模式积极引导小镇发展体育产业，是建设体育特色小镇的核心任务。依托体育特色小镇既有的产业基础与资源禀赋，又科学合理地选择在“体育＋”对象发展不同属性的体育产业，培育不同类型的体育特色小镇。因此在体育特色小镇建设过程中，运用“体育＋”模式，将小镇现有资源整合成适合未来体育产业发展的体育资源，是建成体育特色小镇的关键环节。从当前国内内外体育特色小镇建设与发展的现状来看，“体育＋”模式，主要有以下四种类型。

一是“体育+用品制造”模式，产业型体育特色小镇是“体育+用品制造”模式发展的蓝图。作为制造业大国，我国有众多以用品加工制造业为主导产业的小镇，但随着国内外经济形势的转变，以及群众体育的大力发展所激发出人们对体育用品器材设施的巨大需求，使得小镇原有的加工制造企业纷纷向体育用品业转型，而原有的小镇主导产业逐渐向体育用品业转变，最终形成今天的产业型体育特色小镇。

二是“体育+休闲娱乐”模式，休闲型体育特色小镇是“体育+休闲娱乐”模式的发展蓝图。随着我国社会经济的发展以及社会生产力水平的大大提高，人们的闲暇时间有了明显增加，越来越多的人在工作之余投入到休闲娱乐活动中去。而在诸多休闲娱乐中，回归自然、回归乡野成为人们放松自我、体验生活的绝佳选择，这就逐渐在都市圈周边的小城镇形成了别具特色的休闲型体育特色小镇。

三是“体育+健康养生”模式，康体型体育特色小镇是“体育+健康养生”模式的发展蓝图，社会经济的发展、生产力水平的提高，带给我们更多闲暇时间的同时，也给我们带来诸多不利影响，如都市生活节奏加快、工作压力加大所诱发的一系列疾病，环境恶化对人类产生的危害等。人类历史上从未像今天如此关注自己的健康、热衷于养生，这就使得田园小镇成为人们健康养生的首选之地，运动有益于健康这毋庸置疑，但健康养生仅仅有体育还不够还需要其有良好的生态环境基础和一定的民疗救护保障体系。“体育+健康养生”模式对体育特色小镇自身的要求较高，但这也是当前我国体育特色小镇所稀缺的资源禀赋。

四是“体育+竞赛”模式，赛事型体育特色小镇是“体育+竞赛”模式的发展蓝图。体育竞赛是体育活动中最具活力的核心组成部分，具有社会关注度高、影响力大等特点。一项成熟的体育赛事不但可直接为举办方带来可观的经济收入，还可大大提高赛事举办地的知名度以及基础设施、驻地人口素质的改善，尽管与城市相比，小镇举办体育赛事无论是在赛事运营还是相关配套设施服务上都有所欠缺，但小镇特定的区位优势与独特的资源禀赋对于举办“大众参与型”的体育赛事仍具有很大的优势。

（3）“PPP”模式

体育特色小镇的建设与培育是一项复杂而庞大的系统工程，尤其是对小镇基础设施的建设与配套服务设施的完善，所需投资数额巨大，这对于多数地方政府财政而言都是一笔巨大的开支。尽管省地共建会给予体育特色小镇建设一定的财政拨款，但完全依靠财政输入来建设体育特色小镇显然不现实。弥补小镇建设资金的不足，还需借助社会资本，引进民营企业建设体育特色小镇，即PPP模式。

政府和社会资本合作（Public Private Partnership，PPP）模式，是我国基础设施建设中运用非常成熟的融资模式，以政府参与全过程经营的特点广受关注，其本质是政府与私人组织之间，以特许权协议为基础，形成的一种伙伴式的合作关系。PPP模式将部分政府责任以特许经营权方式转移给社会主体（企业），政府与社会主体建立起“利益共享、风险共担、全程合作”的共同体关系，达到政府的财政负担减轻、社会主体投资风险减小的双赢目标。PPP模式在当前我国社会经济建设过程中有着巨大的优势，且已被政府与社会各界所认可。

在我国体育事业发展历史上，大型体育场馆的建设也面临着与今天体育特色小镇建设过程中资金短缺同样的问题，而正是通过运用PPP模式化解了融资难的问题，并取得了良好的社会效应，甚至可以说体育场馆是PPP模式的最佳应用案例，我国的体育特色小镇建设与体育场馆建设有着诸多共性：一是建设成本投入大；二是投资回收期长；三是以基础设施建设为主体；四是既具有公共服务属性又可以开展市场经营。因此，在体育特色小镇建设领域，借鉴PPP模式在体育场馆建设融资过程中的有益经验，复制PPP模式在体育场馆建设融资过程中的应用，是我国体育特色小镇克服资金短缺、融资困难的突破点。

尽管PPP模式运作已十分成熟，且在多领域社会经济建设中尤其是在体育场馆建设中取得了巨大的成功，但体育特色小镇建设不同于传统的公共基础设施领域，体育特色小镇的建设与当地居民的利益联系更加紧密。首先，体育特色小镇建设与当地民众生活在地理空间上交织交融；其次，当地民众的生活形态、乡风民俗是体育特色小镇建设的内容之一；再次，当地民众是体育特色小镇建设环境改变的直接受影响者；最后，体育特色小镇建设目的就是为小镇再创新的产业、增加就业、改善民生。当地民众既是体育特色小镇建设的参与者、投资人，也是体育特色小镇建设的受益者、经营者。因此各地区在运用 PPP 模式来建设体育特色小镇的过程中，除强调政府与社会资本两大参与主体的合作外，还应注重体育特色小镇当地民众的投资、参与、受益的利益诉求，即 PPP 模式的升级——PPP + L（Local People）模式。PPP + L 模式是一种结合融资、统筹、管理、运营为一体的综合型融资参与模式，其在保留原有 PPP 模式原有优势的基础上，协调当地民众参与体育特色小镇建设的诉求和受益点，以体育特色小镇建设为契机，稳步推进精准扶贫与全面建成小康社会工作，将当地民众居住条件的改善、生活环境的优化、收入就业的增加、精神素养的提高、社会保障体系的完善当作体育特色小镇建设的重要内容，构建政府、企业与当地民众间更加和谐的三方发展关系。

（二）我国重点区域体育特色小镇建设情况概述

随着我国经济的快速发展，尤其是改革开放以来，人均 GDP 不断上升，人民的生活水平、健身意识不断增强，我国已经进入一个全新的休闲时代，运动休闲旅游业也随之蓬勃发展。2016 年 7 月，住房城乡建设部、国家发展改革委、财政部联合下发《关于开展特色小镇培养工作的通知》，通知中提出："到 2020 年我国将培育约 1 000 个各具特色、富有活力的体育旅游、商贸物流、现代制造、教育科技、传统文化、美丽宜居等特色小镇"。2017 年 5 月，体育总局办公厅下发《关于推动运动休闲特色小镇建设工作的通知》，要求打造以运动休闲为主题的集健康、养老、旅游、教育培训等多种功能于一体的体育产业基地，该通知的发布标志着我国全面开启了创办运动休闲小镇的新时代。

1. 莫干山"裸心"体育小镇

（1）"裸心"体育小镇概念

"裸心"体育小镇作为运动休闲小镇的一种，近些年受到了人们的热爱与追捧。所谓的"裸心"就是将人与自然相融合，注重以人为本，使游客能无拘无束地接近大自然。在"裸心"体育小镇，游客们将会拥有最为原生态的生活方式，脱离手机，脱离网络，远离喧嚣，人们在这里不仅可以体验到刺激的户外运动也可以享受到各种精致的康养服务，这种不同于大都市的生活方式会提升人们的幸福感，最终也会更好地促进我们的社会生产与生活。

（2）“裸心”体育小镇的功能与作用

在党的十九次全国代表大会政府工作报告中，习近平总书记重点提及“广泛开展全民健身活动，加快推进体育强国建设等意见。”当健康中国 2030 战略上升为国家层面的战略时，体育特色小镇的出现为人民群众对美好生活向往中健身需求的满足提供了一个重要的途径，也对推进体育供给侧结构性改革、搭建体育运动新平台等方面有着重要的现实意义。

有利于促进体育产业与其他相关产业相互融合，共同发展。2016 年 10 月，国务院办公厅出台了《关于加快发展健身休闲产业的指导意见》，该意见鼓励体育行业与旅游行业相结合，大力发展体育旅游，发展户外运动。“裸心”体育小镇作为一个运动休闲小镇的典型代表是体育与旅游、休闲文化、养老、教育等行业相结合的产物。它是一个发展平台，是区域体育产业发展的能动力和空间载体，小镇以体育行业为依托，衍生出体育旅游、体育康养等行业从而延长了体育产业的产业链，带动了整个区域的经济发展。

有利于改善人们的生活方式，丰富大众休闲活动。“裸心”体育小镇作为运动休闲小镇的一种，是区别于传统城镇的一种新型城镇。传统城镇相对于城市来讲发展较不均衡、资源方面也比较贫乏，发展规划上更加侧重于经济效益，而运动休闲小镇作为一种新型城镇更加注重以人为本，更加突出“特色”，坚持“创新、协调、绿色、开放、共享的新发展理念”。小镇拥有标准的体育配套设施，环境优美，布局合理，集运动休闲、文化、健康、旅游、养老、教育培训等多种功能于一体，必定会在一定的程度上达到荡涤心灵，改善心境的效果。与此同时，良好的生态环境以及惊险刺激的户外运动体验也会吸引城镇周边处于高压工作状态下的城市居民前来小镇休闲度假，使生活方式更加多样性，甚至可能把小镇作为他们的第二居所。人们的内心在重压之下得到舒缓，幸福感与活力便会提升，随之也会拥有一个更好的状态，在他们回归城市之后，会更有动力将最好的自己展现在自己的生活和工作的面前，这样的良性循环可以促进人们更好的生产与生活。

有利于推动地区经济的发展。“裸心”体育小镇作为体育旅游的载体，它们的选址一般位于城市的边缘地带，这便将政府和企业的投资方向重新转回城乡接合地区，使农村的资源不断丰富起来。一个“裸心”特色小镇的发展必定要以体育产业为依托，而体育产业的发展必定要与该地区的其他产业统筹结合，这就意味着一个“裸心”体育小镇的出现不仅会带动该地区体育产业的发展也会为整个地区的其他产业注入活力，丰富地区资源，增加地区的就业机会，这样便会吸引更多人才的到来，激发区域的发展潜力，进而使整个地区的整体经济实力逐步提升。

（3）莫干山“裸心”体育小镇建设情况

莫干山镇位于浙江省湖州市德清县西部，著名的国家级风景区莫干山山脚下，植被覆盖率高达92%。莫干山镇区域面积185.77平方公里，人口3.1万。全镇面积185.77平方公里，下辖行政村18个，3个居民区，总人口3.1万人。小镇常住人口3.4万人，体育产业从业人数0.26万，小镇GDP达到8.56亿元，3年内体育固定资产已投入金额2.51亿元，其中核心运动休闲项目投入1.86亿元，其中社会资本投资1.86亿元。建设期计划投资额为29.86亿元，其中核心运动休闲项目投入18.95亿元，其中社会资本投资16亿元。得益于良好的生态环境、优越的地理位置、深厚的文化底蕴以及扎实的城镇基础，莫干山镇先后获得全国首批特色小镇、全国美丽宜居小镇、中国国际乡村旅游度假目的地等荣誉称号，也被《纽约时报》评选为全球最值得去的45个地方之一。小镇以德清县为依托，处于长三角腹地，北望南京、东望上海、南接杭州，交通环境优良，有宁杭高铁、杭宁高速、申嘉湖（杭）高速、104国道等交通要道。离上海约2.5小时车程，离杭州约1小时车程。莫干山镇环境优美，基础设施完善，充分挖掘民国文化，改造集镇区庾村老街和庾信街，建立了别具一格的民国风情主题街，使得小镇的民国风和莫干山景区浓郁的海派风相得益彰。开展了美丽乡村建设，在乡村美化洁化的基础上，注重乡村文化挖掘和产业注入，促进产村融合，形成一村一品。与此同时，莫干山镇积极开展道路绿化、美化等工程打造环大莫干山慢行交通系统，环莫干山异国风情观光线被评为全省美丽乡村十大精品线路。

近年来，莫干山镇坚持走“绿水青山就是金山银山”的绿色生态发展之路不动摇，紧紧围绕“生态立镇、旅游强镇”的发展战略，根据浙江省关于优先发展运动休闲产业和创建省级“运动休闲特色小镇”的战略决策部署，在省、市、县体育部门的精心指导下，依托独特的区位优势和良好的生态环境，积极开展首批浙江省运动休闲小镇创建工作，以“浑然天成+匠心改造+历史传承”为核心策略，努力打造国际知名的运动休闲小镇。自列入全省首批运动休闲小镇培育名单以来，莫干山镇主要做了以下几个方面的工作：

① 强化组织领导，精心安排部署

一是健全组织机构。为确保莫干山漫运动小镇创建工作顺利进行，进一步建立健全工作机制，在以分管副县长为组长的创建领导小组的带领下，强化政策落实和专项资金投入，并多次召开创建工作协调会，全力推进各项创建工作落到实处。邀请上海体育学院编制《莫干山运动休闲特色小镇规划》，以“让莫干山动起来”为主题，坚持“国际知名山地户外运动休闲胜地”和“长三角高端运动胜地”的战略定位，以“浑然天成+匠心改造+历史传承”为核心策略，进一步明确发展目标、主要任务、行动计划和工作重点，科学引导体育小镇创建工作，努力打造国际知名的山地户外运动休闲小镇。

二是注重科学发展。为科学、有效地衡量漫运动小镇的运动休闲状态，委托浙江大学国家体育产业研究基地郑芳教授的研究团队，开展《莫干山运动休闲指数》研究，以“一核、二环、三绕”为总体思路，经过缜密的科学设计、充分的实地考察、多轮的专家论证，于2018年4月19日，在斯迈夫体育产业大会上，湖州市体育局、德清县人民政府、莫干山镇人民政府、国家体育产业研究基地（浙江大学）联合发布了全国首个运动休闲指数——莫干山运动休闲指数（MSLI）。莫干山运动休闲指数的研究以量化的方式对莫干山运动休闲产业发展状况进行衡量，不仅为莫干山漫运动小镇的发展作出科学的评估，也为下一步的发展提供了科学决策的依据。

② 注重项目建设，推动产业集聚

一是注重品牌培育。坚持将莫干山“漫运动”小镇创建与品牌培育相结合，在2018德洽会及对外开放大会上，莫干山镇与胡润百富、凯乐石签订战略合作协议。胡润百富计划投资 2 亿元把山浩户外打造成为一个旗舰基地，将“胡润·山浩”品牌输出到国内外，并计划将胡润财富论坛和胡润百富榜新闻发布会会址永久落户莫干山。目前，胡润·山浩二期项目土地挂牌手续正在办理，胡润财富论坛方案正在规划设计中；凯乐石持续投入运营“莫干山跑山赛”，将莫干山作为HK100在国内唯一的赛事所在地。同时，还将在莫干山镇成立户外运动运营中心，投资建设户外运动项目体验探索基地，把全系列产品体验活动引入莫干山，成为全国主要户外培训及考核基地。目前，凯乐石登山乐园项目已达成投资意向，2018 凯乐石莫干山跑山赛已完成线路踏勘及赛事报名，于 2018 年 10 月 27 日在漫运动小镇开跑。

二是完善空间布局。凭借莫干山镇独特的资源优势，遵循“聚点成节、和谐平衡、组团式分布”的空间原则，以 Discovery 探索极限基地、路虎体验中心、胡润·山浩、久祺国际骑行营等四大运动基地为重点，进一步优化空间布局。其中 Discovery 探索极限基地由川力企划（APAX Group）创设，Discovery 传播公司授权，共同打造的集极限运动、旅游、培训、度假于一体的户外探索基地，为全球游客提供世界顶级的户外求生训练与探险体验。基地拥有目前国内最大的户外山地攀岩墙、丛林滑索、高空网阵挑战、地面障碍、热气球、徒步探索、荒野求生体验等项目。Discovery 探索极限获评 2016 年浙江省运动休闲旅游示范基地、2016 年中国体育旅游十佳创新项目之一。路虎越野体验中心位于裸心谷，是路虎汽车在亚洲最大的越野基地，中心拥有中国最长的全地形体验线路，巧妙运用天然路况，结合各种路障设计，精心开发了多项全地形驾驶项目作为培训课程，为户外越野爱好者提供身临其境的全地形全地貌探险体验。户外越野全程由经过全球认证的专业路虎教官培训指导，可以尽享淋漓尽致的驾驭体验，感受莫干山的良好生态。山浩户外运动基地占地 500 亩，拥有华东地区最大的丛林探险乐园总共 5 条路线 130 关，分别为：快乐儿童路线、亲子路线、成人体验路线、成人挑战路线、终极路线，基地同时拥有 5 台 UTV，体验赛道 2 公里，还有 35 艘专业皮划艇，基地还联合亚洲顶级户外运动领导者——鹰赛探险每年两次开展 WAFA 培训。2016 年获评浙江省运动休闲旅游示范项目。久祺国际骑行营位于莫干山镇何村村，总用地 740 亩，其中建设用地约 47 亩。建设国际化专业山地车赛道、初级骑行赛道及配套山地车专业赛事中心、专业自行车研发展示中心、主体酒店及配套设施、各区块全景观赛平台、骑行俱乐部、车友旅馆区、度假屋区、乡间种植风情区、网球场、露天休闲区、主体餐厅、极限运动场、医疗救护中心及配套设施，打造一个专业级骑行运动和莫干山文化休闲相结合的综合生态度假区。围绕优化莫干山“大户外”运动休闲承载力的发展目标，完善特色配套项目及精品民宿运动休闲驿站，繁荣“户外运动+”市场，带动农业、休闲、旅游、健康、文化等相关产业发展，打造各具特色的运动休闲业态集聚区，形成“聚点成节、星罗棋布”的漫体育小镇空间布局。赴上海、广州等地招商，学习借鉴兄弟乡镇的经验，洽谈了直升机观光、滑翔伞、水上运动等项目，努力为游客提供国际化、高端、时尚的运动体验。目前，爵隐马术俱乐部、大熊户外等项目陆续开展，凯乐石水上运动项目完成选址、凯乐石莫干山专营店已进入装修设计阶段，不久将在小镇集镇亮相；直升机观光项目已与久祺国际骑行营达成合作意向。

③ 着眼全局发展，促进融合带动

一是“动静业态”互补。2018 年，“环莫干山美丽步道”建设被列入政府为民办实事项目，结合省级运动休闲小镇创建工作、林业示范带建设、交通隧道拓宽、农村古道保护计划等项目，累计获得统筹资金支持约 200 万元，用于步道建设和维护。同时与朗途体育、穿越川行等公司进行合作，吸纳社会资金对步道进行项目化开发和运营，设置统一的标识标牌。目前，全镇已修复和建造古道、步道、骑行道、专业自行车赛道约 180 公里，将村落、竹海和户外运动场地串联起来，形成全域化的“漫行”系统，可规划 100 公里以内不同距离、风貌各异的线路，满足不同级别的赛事需求。如今，环绕莫干山风景区，有众多的公路和山地自行车骑行线路，得益于美丽乡村建设，山区骑行处处都是风景。其中莫干山（09 省道）爬坡线路，穿梭于竹海之中，一侧高大的梧桐绿树成荫，是骑行圈内公认的最美骑行线路之一，这里曾多次举办莫干山爬坡赛，每到周末便是江浙沪骑行爱好者骑行训练的重要目的地。环莫干山异国风情观光线也是经典的骑行线路，从县城武康至莫干山风景区，沿途美丽乡村、现代农业、特色小镇、洋家乐高端民宿等风光尽收眼底。此外，专门建设了三莫线和裸心谷骑行绿道。

二是“体育+旅游”融合。目前，全镇 18 个村已经实现步道全覆盖，

80%的高端民宿配置游泳池、自行车等体育设施，将徒步、登山作为配套游玩项目。以“洋家乐”为代表的高端民宿崛起，全镇拥有各类民宿 500 多家，可纳就餐人员 19 000 人，住宿床位 8 500 个。民宿通过设置户外运动套餐，或与山浩户外、久祺国际骑行营等体育产业基地结盟的模式，为入住民宿的游客策划登山、越野、骑行等游玩项目，利用现有步道开展“美丽乡村欢乐跑”等活动，通过运动休闲项目丰富民宿内容和提升游客体验。

④ 加大财政投入，促进服务升级

一是加大投入力度。莫干山镇将户外运动作为全镇四大特色产业之一，进一步加大财政投入力度，为漫运动小镇的发展提供有力保障。截至目前，全镇范围内共有在建交通项目 13 个，总投资超 2 亿元，下一步开展“骑闯天路”等公路自行车品牌赛事；投资 3 000 万元，实施道路景观提升工程，利用铺设污水管网的契机，建设绿道网络、运动节点等，进一步提升小镇品位；投资近 1 000 万元，在劳岭、兰树坑、筏头、后坞、仙潭、南路等 6 个村，建设骑行驿站，由胡润汉竹建筑、久祺国际骑行营等进行设计和运营；投资 4 000 万元建设庾村广场，广场内将建设空中步道、有轨电车、多功能景观舞台、钟楼等。小镇累计引入社会资本 9.47 亿元，其中完成投资 4.39 亿元。

二是完善服务体系。出台小镇业态提升扶持办法，鼓励更多民间资本投资运动休闲产业。2018 年，莫干山国际旅游度假区与穿越川行合作成立合资公司，以赛事为起点，在产业项目、运动服务等多方面开展深层次合作。探索极限基地、胡润·山浩户外等产业基地开展与德威英国学校、惠灵顿美国学校、上海尚德双语学校、上海世界外语学校等国际学校合作，来自世界各地的运动达人活跃在莫干山漫运动小镇。据统计，全镇生态休闲旅游产业共接待国内外游客 187.6 万人次，实现旅游综合收入 8.3 亿元，仅四大基地接待游客 5 万余人次，实现产值 2 740 万元，完成税收 297 万元，新增浙江省运动休闲旅游优秀项目 1 个。

⑤ 深挖运动历史，营造浓厚氛围

一是坚持保护与开发相结合。莫干山具有独特而鲜活的运动休闲历史，登山、徒步、骑马等体育旅游项目历来盛行，一百年前就有国外运动爱好者在本地开展户外运动和举办运动会。莫干山风景区内还保留着百年前建造的游泳池、篮球场、步道等。目前，全镇还完整保留蒋公道、劳岭、紫岭、莫干岭、梅皋坞等古道。下一步，我们鼓励全镇上下开展古道保护、延伸和修复工作，延续昔日古道的生命力。例如：勤劳村村民免费义务上山修步道，通过半年时间，建成近 10 公里的登山步道，共计台阶两万多个，为游客提供一条寻求大自然乐趣的通道，村里还将继续加大投入，计划建成 20 公里以上的步道，举办规模化的越野赛事。

二是做到传承与发扬相结合。1911 年，莫干山为庆祝京沪杭甬铁路通车而举办了“莫干山上海国际学生登高竞赛”。在 TNF1002017 莫干山国际越野挑战赛 6 公里比赛项目上，复刻了百年前的赛道和奖牌。2018 年，进一步延续莫干山体育发展史的生命脉络，积极推动莫干山风景旅游区与莫干山镇的联动机制，互派干部驻点工作，实施“山上山下联动，打造全域步道登山系统”工程，并邀请专业设计师深挖历史元素，绘制莫干山漫运动小镇手绘地图，探索挖掘新的休闲度假方式。

2. **百丈时尚体育小镇**

百丈时尚体育小镇，位于有着“中国廊桥之乡”和“天然氧吧”之称的温州泰顺，辖区面积 133 平方公里，其中水域面积 22 平方公里，下辖 11 个行政村、1 万人口，是一个依托飞云湖山水资源优势，以水上运动为引领，发展竞技训练、休闲农业、健康体育、养生度假、户外拓展等业态的特色小镇。曾因水而兴，被称为“泰顺的小上海”而辉煌一时；后因兴建珊溪水利枢纽工程，基本停止了发展。2000 年以来，为了在库区保护中求发展，全镇上下一直在探寻新的发展机遇。2012 年，成功引进水上运动队伍入驻训练，并得到了上级党委政府和体育部门的重视和支持。2016 年，百丈镇被列入温州市第一批特色小镇创建名单。2017 年，百丈演绎“两山”理论新篇章，入选国家体育产业联系点典型案例，2018 年，百丈“时尚体育小镇”入选全省首批运动休闲小镇培育名单。主要做法如下：

（1）绘制一张规划蓝图，引领小镇科学发展

近年来，为了更好地引领小镇的发展，百丈镇委托北京泛华规划设计院以高起点编制了《时尚体育小镇概念性规划》《时尚体育小镇体育产业专项

规划》，从战略、空间、项目、产业、投融资“五位一体”的角度对环飞云湖 18.74 平方公里进行科学的规划和布局，构建“一轴三心三组团两区”的“轴带状”空间结构，并建设了八大功能区，同时为百丈时尚体育小镇的发展制定详细的规划。除此之外，还委托杭州商大旅游规划设计院以绿色产业、体验类旅游产品、体育特色文化、智慧景区、游客导入等重点内容为中心，制定 AAAA 级旅游景区创建规划，有机结合体育产业和休闲旅游，大力发展乡村旅游、民宿经济，以科学规划为引领，促进体育与旅游融合发展，做特做优时尚体育小镇。

（2）建立两大训练基地，夯实小镇发展基础

近年来，飞云湖（国家）水上运动训练基地、辽宁省冬训基地项目先后落地。飞云湖水上运动训练基地，被确定为国家赛艇高水平后备人才基地。百丈镇中心学校整体转让工作完成后，可同时容纳 300 人进驻训练；二期选址在建民村金坑地块，主要建设运动员公寓、康复疗养中心、旅游度假中心、会议培训中心、水上标准赛道等学训一体的水上运动综合体。目前已完成控制性详细规划编制和相关用地调整和指标报批。辽宁省军事航海运动学校于 2014 年与泰顺县人民政府签订合作协议，在百丈镇建设辽宁冬训基地。现已建成运动员公寓、皮划艇下水码头、3 片曲棍球场等设施，可以容纳 300 名运动员入驻，可承接国际曲棍球比赛。目前，两大基地每年有 500 多名运动员入驻训练。

（3）实施三大品牌项目，充实小镇建设内涵

近年来，百丈镇实施小镇系列、外立面改造、慢行系统等项目建设，不断完善体育配套设施。实施小镇系列项目。以打造“时尚体育小镇”等中心工作为载体，建设小镇餐厅、小镇书房、小镇展厅、小镇客厅、小镇农超等一系列的设施，同时还建设很多具有鲜明特色的配套设施，主要包括小镇露营基地、观湖平台、停车场等，该小镇中还建设有种类齐全、功能完善的标识标牌，充分体现了运动休闲元素。小镇实施外立面改造项目，以时尚体育小镇为主题，充分体现出其时尚、动感、自由等特征，并严格遵循“一栋一风格、一栋一特色”的建设原则，对已经建设完的四百多幢民房进行改造。该项目的实施将百丈镇打造成既独特又时尚的滨湖小镇，为今后整村精品民

宿的发展、时尚体育文化创意街区的建设等方面夯实了基础。实施环湖慢行系统项目，总投资约 1.1 亿元，里程 33 公里，融合健步、骑行、马拉松、观湖观赛等功能，按照“十里步道、十里景观”的总体定位，打造各类休闲运动体验节点。

（4）推行四大示范创建，促进小镇融合发展

近年来，百丈镇联动推进国家级卫生镇、A 级旅游景区、小城镇环境综合整治、园林城镇创建工作。共投入 4 500 万元对建成区实施综合整治，全面推行以“垃圾分类化收集、积分化管理、网格化监督、市场化保洁”为内容的“四化”工作机制，使城镇功能配套更加齐全，城镇面貌得到极大提升，先后创成了温州市首个国家卫生镇、省级园林城镇、小城镇环境综合整治工作省级样板镇，3A 级旅游景区。实施“最美乡镇机关、最美庭院、最美村庄”等创建活动，积极申报创建“国家级园林城镇”。

（5）打造系列特色赛事，塑造小镇品牌形象

近年来，百丈镇依托两大基地，先后举办了全国青年赛艇锦标赛、国际赛艇训练营、全国象棋棋后赛、CBSA 美式台球公开赛等专业品牌赛事；发挥山水资源优势，先后举办了全国露营大会、国际山地户外运动挑战赛、国际精英马拉松赛、环浙骑行赛、特色菜大赛、杨梅采摘节等运动休闲赛事；百丈镇动员所有力量，积极组织开展小镇全民运动会、飞云湖公开水域游泳比赛、垂钓大赛等群众体育赛事活动。中央电视台体育频道、新华社、中国新闻网、光明网、浙江新闻等主流媒体都曾对百丈镇赛事进行宣传报道。百丈镇通过举办品牌赛事，促进体育与旅游融合发展，极大提升了百丈的知名度和美誉度。

3. 戴村郊野运动小镇

开展运动休闲小镇创建工作是进一步加快健康浙江和体育现代化建设的重要一环，是展示体育运动活力、彰显运动休闲特色、推动体育产业发展的重要环节。戴村郊野运动小镇作为浙江省首批运动休闲小镇之一，在省体育局的指导下，在萧山区委区政府的重视下，在小镇导师李亚慰老师的精心指点下，小镇提高站位，统筹谋划，明确目标，精准定位，提出“追求自然本真，遇见最美的自己”的主题口号，全力打造独具戴村特色的“郊野运动

小镇”。现将具体创建情况总结如下：

（1）做细规划，描绘小镇建设蓝图

打造运动休闲小镇是一项具有前瞻性、开放性和综合性的系统工程，离不开科学的规划指导。为此，戴村镇邀请了国内知名机构，历时 5 个月进行了实地调查研究，掌握戴村镇的资源分布情况，并结合省、市、区特色小镇发展方向，实行错位发展与功能优化，更好地规划小镇发展前景。以开发山水资源为特色，以资源整合、产业结构调整、综合开发建设为载体，以增加农民收入为动力，以带动运动休闲旅游为支柱，实现运动休闲旅游项目的新突破。为此，戴村镇精心编制了《萧山区戴村镇镇域发展概念规划》，完善了《戴村镇控制性详细规划》《戴村镇郊野单元规划》，完成了《戴村镇小城镇环境综合整治规划》，启动了《戴村镇体育与旅游产业融合发展先行区规划》，利用“多规融合”优势，优化地块功能结构，完善集镇区块规划道路，将镇域规划与运动小镇打造、全域景区化改造、集镇域开发建设、产业发展、重大项目招引落地有机结合。

（2）做优环境，提升小镇建设品位

戴村镇始终坚持“全域规划、全域整治、全域景区化”，高水平高要求地完成了小城镇环境综合整治，顺利通过省级验收，并被评为市级样板。总投资 20 亿元 19 个环境建设项目，让戴村的环境底色有了翻天覆地的变化。与此同时，“村美、民富、业兴、人和”的美丽乡村升级版正在逐步打造，4 个美丽乡村、10 个景区村庄建设、1 个全域土地整治试点村正在抓紧实施，镇村人文底蕴得以进一步挖掘，镇村环境品质进一步提升。而与之配合的国家卫生镇创建、辅房整治行动、五水共治活动也成为戴村改善环境面貌的有力抓手。做优环境后的戴村也荣登了央视舞台，2018 年 7 月 5 日，中央电视台 CCTV-7《乡村大世界》节目在戴村镇三清园大草坪录制，通过娱乐化的艺术形式全方位地展示宣传了萧山和戴村美丽的自然底色和完备的产业业态。

（3）做实项目，打造小镇产业基础

基础设施日渐完善。戴村抢抓运动休闲产业迅猛发展的契机，建成了相对完备的运动基础设施，形成了颇具规模的运动产业。最具显著的成效之一的便是建设了山上山下互通互联的路网体系，为发展运动休闲产业创造了良好的场地条件。截至目前，80 公里国家登山健身步道顺利通过国家验收、45 公里区级骨干林道全线贯通并逐步升级为森林骑行道，14 公里彩色林带基本建成，兼具观光游览和运动休闲功能的“春风十里”慢行系统已进场施工。运动产业初显成效。在省体育局、萧山区委区政府的关心支持下，优质运动项目受到青睐，在 2018 年的斯迈夫大会上，与斯迈夫公司就杭州斯迈夫体育小镇有限公司全面参与戴村镇建设签订了备忘录，这为戴村郊野运动小镇增添了国际范。与此同时，银泰农旅乐活小镇项目的建设工作也开始落实。不仅如此，高尔夫、房车露营基地、攀岩基地等一些优质项目及其相关配套项目的建设工作也开始落实。另外，全英学术最优秀的公学名校之一的威雅公学落户戴村并开工建设；辐射整个萧山南部的大型商业综合体——城南综合体项目地块成功出让；Park 经济完成定位，这将会为区域的发展带来新的动力；该小镇的民宿业发展进程也在不断加快，整个区域中第一个民俗示范村已经成功通过验收。各种各样的项目建设工作的落实为戴村郊野运动小镇的可持续发展奠定了坚实的基础。

（4）做强品牌，彰显小镇体育文化

借助赛事引爆。以“做精、做强、做出特色”为宗旨，积极举办各类文体赛事，助推运动休闲品牌，力争“月月有活动、季季有大赛”。截至目前，小镇已成功举办了多届三清茶文化节、山地越野赛、山地马拉松赛、山地自行车赛、全民运动会、水上嘉年华等节庆赛事，打响了“休闲戴村、运动天堂”的品牌。仅 2018 年上半年就成功举办 2018 国家登山健身步道联赛、“花园城市·走进美丽乡村”戴村徒步行、戴村镇第三届山地马拉松等大型赛事活动，其中全国步道联赛更是吸引了千余名国内外登山爱好者参与，中央电视台体育频道也进行相关报道，《中新网》《浙江日报》《钱江晚报》等中央、省、市、区各级媒体争相报道，极大程度地将戴村的运动休闲资源推向公众视野。聚力品牌打造。无论在对内氛围营造上，还是对外营销推广上，戴村镇都大力打造“郊野运动小镇”品牌，让“郊野”二字成为小镇的独有标签。在省体育局的推荐下，戴村镇还应邀赴北京大学参加“太舞论坛 2018——特色小镇建设与区域协调发展”，分享小镇经验，学习先进理念，萧山南部一个名不见经传的小镇也借此机会站在了全国的舞台上。同时戴村镇的项目——登山（戴村绿道）也被评为省级运动休闲优秀项目，极大地提升了郊野运动小镇的影响力和知名度。

4. 胡陈乡野户外小镇

胡陈乡地处宁海县东部山区，乡域面积 100 平方公里，下辖 18 个行政村 1 个双溪社区。胡陈乡距离宁海县城区约 40 分钟车程，距宁波市中心城区约一个半小时车程。小镇常住人口 1.4 万人，体育产业从业人数 0.1 万，小镇 GDP 达到 15.8 亿元，3 年内体育固定资产已投入金额 20 480 万元，其中核心运动休闲项目投入 0.78 亿元，社会资本投资 0.53 亿元。建设期计划投资额为 32.05 亿元，其中核心运动休闲项目投入 3.6 亿元，社会资本投资 2.1 亿元。胡陈乡境内山水资源丰富、人文底蕴深厚，是远近闻名的生态之乡、果蔬之乡、文化之乡、和谐之乡，先后荣获全国美丽乡村创建先进镇、中国生态魅力乡、浙江省美丽乡村示范乡镇等一批国字头、省字头的荣誉称号。同时胡陈乡野小镇的区位条件也得到了进一步提升，胡陈乡主要对外联系有一条路线，即盛宁线，自西向东穿过集镇区。西至力洋镇，东至泗洲头镇。目前乡域内村庄均有 5～7 米乡道路相连，近年来针对道路维护比较到位，质量较好。随着城镇道路的逐步完善，胡陈乡的可达性逐步增强。根据新区总规，沿胡陈港将建设滨港大道，串联胡陈乡、胡陈港度假区、新区中心区和下洋涂通航小镇，近年来，小镇依托丰富、完整的山水资源条件，倾力打造运动健康特色小镇，自 2012 年起连续成功举办全国户外运动大赛和中国（宁海）户外运动节。胡陈户外运动休闲小镇以生态农乡作为小镇创建的基础，以旅游产业为主导，致力于打造集户外运动、养生度假、健康慢食、乡村体验和观光休闲于一体的运动健康小镇。自 2018 年入选全省首批运动休闲特色小镇培育单位以来，小镇在省市县体育部门的指导关心下，牢牢瞄准创建标准，立足自身特点优势，切实发挥政府管理服务职能，积极调动民间投资积极性，量力而行，尽力而为，切实做好各项创建培育工作。

（1）立足“小而特”，高标准营造乡野小镇新格调

依托胡陈青山绿水、名人故里、瓜果之乡的资源优势，做好“特”字文章，全方位打造乡野户外小镇新格局。一是“匠心”规划筑全局。邀请规划

设计泰斗——浙江省规划设计院副院长操刀编制《宁海运动健康小镇概念规划》和《胡陈乡户外运动核心区块设计方案》，明确“一核两带六心六区”发展布局，以规划为引领，努力变山水田园为运动家园。二是“用心”查摆优细节。大力推进“争优看齐”专项行动，先后组织工贸旅游、村镇规划、后勤管理等分管领导、科室负责人、村书记分批次，走进萧山戴村、杭州桐庐、德清莫干山、淳安鲁村等地学习考察，开阔眼界，总结归纳“建、管、运”典型做法，取人所长补己之短。三是“走心”活动拢人气。围绕农历 24 时节气，重点打造以“赏花”为看点的东山桃花节，相继筹办了省钓鱼协会宁波站挑战赛、桃园风筝表演赛、桃园微马、全乡首届乡村振兴农民运动会等特色休闲运动，集聚户外运动人气，打响乡野小镇品牌效应。

（2）立足“小而优”，高规格建造乡野小镇新设施

始终坚持效益导向，整合“财政资金+社会资本”两大主体，建设一批休闲、健身、运动设施，不断丰富户外运动元素，使全乡全域休闲运动氛围更加浓厚。一是推进基础设施增容扩量。严格落实《乡野户外小镇建设三年行动纲要》，按计划推进村级休闲公园全域覆盖，截至 2018 年 9 月底，基本完成中堡溪、西翁休闲健身公园新建，新建桃源自行车驿站 3 个，自行车绿道已扩展至 5.5 公里。目前，自行车项目专业运营团队——杭州乐途电动车有限公司已正式入驻，首批 40 辆“乐途绿”自行车已正式投放到位。健身、登山步道 6 公里，门球场 1 个，掷球场地 1 个，高标准羽毛球场 2 个，滑翔基地 1 个，国家级垂钓基地 1 个，标准露营公园 1 个，灯光篮球场 3 个及健身广场 2 300 平方米。二是推进核心区块转型升级。岔路村的户外运动核心基地建设是小镇 2018 年重点引进和着力打造的核心工作，也是乡野户外小镇实现华丽转身、美丽蝶变的关键所在。为此，乡政府专门成立建设领导小组，全力做好招商引资、征地拆迁、行政审批等工作。三是进一步提升民宿客栈的档次。抢抓“民宿热”“乡土热”发展契机，携手高远文旅、上海翠泉等市场团队，开展“租景入股”“村企结对”深度合作，“九熹·大乐之野”“心宿无尘”两大精品民宿投入运营。目前，小镇正在对接落实江家山度假区、大美文化艺术创客园等项目，以进一步优化提升小镇配套环境。四是加强公共服务建设，利用胡陈乡优质生态资源，彰显户外运动氛围，服务内容

由专业体育赛事承办扩展到护理康复、中医保健、度假养老等服务业态。其中，专业体育赛事服务方面，引入上海禾融体育发展有限公司作为小镇体育赛事的专业运营方，成功组织中国胡陈首届滑翔邀请赛、首届户外技能大赛、首届跑酷大赛、首届攀岩 DYNO 大赛、胡陈户外运动市民嘉年华；护理康复服务方面，推动康复护理、老年护理等多样化护理服务发展，努力提高规范化、专业化服务水平。中医保健服务。鼓励发展以体质辨识为基础的中医预防保健服务，支持开展推拿、按摩、针灸、刮痧、艾灸、保健咨询和调理等服务；度假养老服务方面，新建“桃源世家”养老度假别墅，拟引入市场化专业养老机构，为老人提供集养老、度假、休闲于一体的度假式养老服务，积极推出农业观光、运动休闲、生态休闲等各类休闲养生度假产品，推动形成具有“自在”特色的专业化旅游服务品牌。

（3）立足“小而美”，高起点塑造乡野小镇新面貌

乡野户外小镇需要有清洁美丽的环境来“打底”，小镇以点带面，立体式、多角度塑造村居优美、产业精美、风景秀美的山水田园新面貌。主要从以下几个方面进行：一是全线共建美丽廊道。已建成国家登山健身步道 30 公里、80 公里自行车赛道、20 公里水域观景廊道，安装大量风格统一、特色鲜明的主题元素景观小品与标识标牌，大力推进美丽创优工程的实施，同时还推进东山桃园采摘体验带、车家至梅山乐活步行带、西张至大赖生态骑行带的建设，推进中堡溪、虎溪等流域的全域治理，全力打造沿村、沿河、沿山的百里“美丽走廊”，基本形成“二水多山四廊”生态健身大格局。二是全域共建美丽田园。全面关停禁养区畜禽养殖场，对畜禽养殖场进行改造升级，并建设若干家畜禽“两化”养殖场。全面启动全域“垃圾不落地”计划，注重环境保护，全面迁建公路沿线垃圾池 31 座，加快城乡垃圾中转站和厨余垃圾处理中心建设，开展 10 个村（社区）垃圾分类试点，形成梅山、中堡溪、西翁三大垃圾分类处理区块，实现生活垃圾源头分类。另外，于 2018 年 9 月 1 日实现“以桶换桶”垃圾减量化模式在整个行政村的全面开展。三是全员共护美丽乡村。借助全省“千村示范、万村整治”推进乡村振兴；利用创建“国家卫生乡镇”“宁波市首批乡村全域旅游示范区”的有利时机，下大力气根治群众关心的环境问题，投资 800 余万元；新建梅山、西

翁 A 级旅游厕所 2 个，改造提升文明厕所 2 个，全村打造梅山、西翁美丽庭院示范样板，同时还切实改善农村供水，铺设大水管网 29.2 千米，实施二次改水项目 34 个，基本建成胡东东张、国叶溪边污水处理管网，全乡污水收集处理率、受益群众覆盖率达 95%以上。致力于梅山、西翁 A 级旅游厕所的建设，并注重文明厕所的改造与提升工作，全村积极打造梅山、西翁美丽庭院示范样板；同时还切实改善农村供水，铺设大水管网 29.2 千米，实施二次改水项目 34 个，建立了胡东东张、国叶溪边污水处理管网，使得整个乡村的污水收集处理率与受益群众覆盖率都达到了 95%以上。另外，该小镇从严从紧实施“党员积分制”管理，规范修订村规民约，将美丽乡村建设转化为村民的自觉行动。胡陈乡野户外小镇将立足“乡野户外”这条主业主线，充分激活“山、水、林、湖、田”等自然资源，扎实推进永和滑翔基地二期、胡陈乡水上运动体验基地、长山主露营谷二期、岔路户外运动街区、西翁花卉田园综合体等一批“优、新、特”建设项目，加快形成岔路、长山主山体运动区块，梅山、胡东水上休闲区块，永和风中飞翔区块，中堡溪农耕体验区块和西翁养生养老区块等五大运动核心区块，构建起覆盖水、陆、空一体化的运动休闲体系。

5. 青岛温泉体育特色小镇

国家级运动休闲特色小镇建设的名单中，就有青岛温泉田横体育小镇，并且是第一批被授予的小镇资格。

在小镇中，拥有丰富的自然资源，不仅拥有得天独厚的山海条件，还拥有世界罕见的海水溴盐温泉；坐落于青岛蓝色硅谷核心区内的这座小镇，以其独特的“海、陆、空、山、泉、岩”运动特色而著称，其建设成果显著。

（1）青岛温泉田横体育小镇的基本概况

近年来，青岛温泉田横体育小镇展现出了卓越的发展成果，荣膺首批“国家级体育小镇”之一的殊荣。这座小镇以世界罕见的海水溴盐温泉为基础，融合了现代科技与体育产业、温泉养生与旅游产业、休闲娱乐与文化产业，形成了一种全新的综合产业。目前已成为集文化体验、健身疗养、康养养老、运动休闲于一体的滨海型综合性健康休闲胜地。该地位于山东省青岛市即墨温泉街道的田横社区，坐落于鳌山湾畔，北靠丁字湾，内含笔架山，同时也是青岛蓝色硅谷核心区内罕见的自然资源丰富之地，拥有泉、海、山等多种天然优势和独特的地域特色。

目前，已有超过 20 家体育企业入驻了小镇，涵盖了近 30 个落地体育产业项目，其中包括海洋温泉养生中心、国际自行车赛事中心、国家航海运动学院、笔架山康养、女岛水上运动基地等，引进这么多种类的项目的目标是打造一个国家级体育产业中心。此外，还通过与当地高校合作建立专业的健身俱乐部以及举办大型体育赛事活动，进一步促进了该区域体育产业发展。如山地自行车、越野跑等特色项目，为赛事提供全方位的支持和协助，以促进其顺利开展；水上运动项目包括冲浪和潜水；提供的休闲娱乐项目包括马术、马拉松、登山和露营地等。

（2）青岛温泉田横体育小镇建设的模式

① 资源依托，定位“导向+”多功能板块设计

小镇的建立和发展离不开自然资源的支撑和保障，自然资源是不可或缺的前提条件。青岛温泉田横体育小镇以其独特的资源优势为基础，规划了一条“两核两带”的建设路线，两个核心的基础为四舍山和钱谷山，核心运动包括户外和水上两项；两带分别是公路和海岸线，休闲娱乐运动带就依据这两条线路延伸，为游客提供了丰富多彩的娱乐活动。小镇通过对现有场地进行改造升级和配套完善，形成一个相对独立完整的休闲旅游综合体，对资源的“状态”进行全面评估，根据自身实际情况，打造一个中国青岛的“德国巴登体育小镇”等类似的体育旅游胜地，形成一个多元化、现代化的共享运动特色小镇，集“体育+”“生态+”“养生+”“休闲+”“娱乐+”于一体。规划建设五大中心业态，其中包括户外体育运动中心、体育赛事中心和体育产业创新中心，这些业态将成为“两核两带”建设路径的重要组成部分。小镇目标是建成一个国家级的体育旅游休闲胜地，以休闲运动和健康产业为核心，以体育娱乐和温泉养生为主题。

② 合作引进，建设“产城创”一体化体育生态园

小镇规划建设初期，就将打造以体育产业为主线的综合性一体化的体育生态园作为建设的目标。建设过程中，实现两线并行推进的建设方案：1）积极推进国家重大项目和产业的落地。例如引进国际高空滑翔基地、亚洲房车

露营公园、温泉康养医院、产业创新科研基地以及国家级体育大数据中心等，形成体育智慧联动建设，前期将这些环境基础打好，后期的工程就更容易推进。同时加强对现有体育产业项目进行改造提升，使其成为当地特色产业。2）在积极与青岛市体育局合作的同时，小镇的建设主线放在了温泉养生特色上，让产业集群和体育重大项目的并行发展。当地将海尔集团的“人单合一”模式与全球产业和庞大经济支柱相融合，建立了超过50亿元的发展基金。另外，引入IMG、AGE体育等国际知名产业资源，加大创新力度，不断发展促进产业优化升级，形成了多维发展、共创共赢的“产城创体育生态园”。

③ 多维联动，加强“辐射产业”的延伸发展

尽管体育小镇的建设过程形成了一个完整的“体育+”产业生态链，但体育小镇的发展并没有只发展体育。在其产业链构建和运营过程中，需要借助其他相关行业的资源来推动体育产业与旅游产业之间的深度融合。基于此，青岛温泉田横体育小镇积极与周边产业互动，拓展产业版图，包括但不限于旅游业、教育培训业、影视娱乐业、餐饮业以及文化产业等，让体育小镇融合更多的“辐射产业”，实现多维产业的互联、互动，以体育产业为主线，多元一体，协同发展成为小镇的发展模式。在此背景下，以体育旅游为主导，结合多种产业形式共同发力，使之成为具有独特价值和文化内涵的多功能综合体。同时也实现了多维融合整体功能的协同，以满足参与者的多样化需求。

（3）青岛温泉田横体育小镇建设的基本成效

“国家级体育小镇”在青岛落户后，青岛的温泉体育特色小镇也开始了更加深入的规划和建设阶段。通过对国内外知名旅游型休闲体育产业发展模式进行分析比较，总结出我国体育特色小镇的发展趋势和方向。目前，该小镇的建设已经初步形成规模，并且已经取得了一定的成效。

① 基础设施得到完善，服务体系已经建立

小镇中，一些基础性的公共设施已经建成，包括公共交通站、地下停车场、开放卫生间等。同时，高端服务设施如餐饮酒店、洗浴中心、服务中心、文娱中心等也已经基本配备完毕。此外，还在建设中的大型公园和广场还有

多个项目正在紧张施工或筹备之中。青岛温泉田横体育小镇已经建立了完善的公共服务网络，符合国家相关标准，今后的发展只会越来越完善。

② 整体布局基本形成，产业特色基本确立

在规划阶段，小镇就计划建设一个以温泉为特色的健康养生运动休闲度假区，目前已经落地了海洋温泉运动休闲度假区，同时四舍山户外运动中心和钱谷山水上运动中心也已基本竣工，两条运动带已正式投入使用。另外还将有一批体育健身娱乐旅游项目也已经启动建设，其中包括了女岛水上运动基地和国家青少年野外拓展训练基地，为广大游客提供了多元化的运动选择。在小镇上已经开展的赛事包括马拉松、山海自行车、帆船、潜水等项目，整个产业版图呈现出蓬勃发展的态势。

③ 休闲需求得到满足，经济投入稳固增长

小镇的融合产业形成了一体化发展，为人们提供了多元化的需求满足。周边的辐射产业类型得到了多元化的拓展，从而推动了整个产业链的不断升级和发展。2017 年，在青岛召开了新旧能源转换招商引资大会，会上帆船基地、运动休闲基地和汽车运动基地共获投资超过 200 亿元；在同一年的 12 月份，海尔第二次与小镇合作，共同投入 300 亿资金用于小镇的建设。这一系列措施为小镇未来的发展奠定了坚实的基础。

6. 建德航空小镇

（1）建德航空小镇的基本情况

位于浙江省建德经济开发区的浙江建德航空小镇，占地 3.57 平方公里，其中 1.39 平方公里被规划用于建设。该项目依托当地丰富的自然资源及区位优势，致力于构建三大发展板块，分别是通航制造、通航服务和通航休闲旅游，以满足客户的多元化需求。杭州市第一批特色小镇创建名单于 2015 年 12 月公布，其中建德航空小镇在列，而浙江省第二批特色小镇创建名单则于 2016 年 1 月公布，其中航空特色小镇是浙江省唯一获得该殊荣的。同时，该小镇也在国家首批低空旅游示范区和航空飞行营地示范工程的名单中。

航空小镇以“通航产业浙江样板、省级通用航空示范小镇、国家级通航产业综合示范区”为发展定位，主要打造三大板块：一是以建德千岛湖通用机场为核心的通航服务区块；二是以省级经济开发区为核心的通航制造区块；三是以原横山铁合金厂工业遗址和新安江玉温泉为核心的通航休闲旅游区块。建德航空小镇得到浙江省委、政府和杭州市委、市政府领导的高度重视。

（2）建德航空小镇的发展优势

① 机场核心优势

航空小镇建设的核心资源——建德千岛湖通用机场，是浙江省首家取得A类民用机场许可证的通用机场，也是目前浙江省唯一正常运营的通用机场。机场拥有全国通用机场中最大的报告空域条件，高度1 200米以下，面积4 500平方公里。现有机场跑道为800米×30米，二期规划为1 800米×60米。目前机场的驻场通航公司共有14家，拥有直升机、固定翼等各类飞机25架。

② 区位交通便捷

陆上区位：航空小镇是杭金衢三市交通、资源互通的重要枢纽。320国道、330国道穿区而过，杭新景高速在航空小镇附近设有寿昌和航头两个出入口，东邻金千铁路，与浙赣铁路相联通，拥有便捷的陆上交通网络。未来的建德还将新增杭黄、金建、杭建衢等三条高速铁路及四个站点。

空中区位：以建德千岛湖机场为核心，已基本形成100公里、200公里、300公里三大飞行圈，对接省内外十余个机场，飞行圈范围覆盖全省，是开展低空转场飞行和空中短途旅游绝佳的体验节点。

③ 旅游资源丰富

航空小镇地处“两江一湖”黄金旅游线中间，以基本覆盖在机场空域之下的千岛湖国家5A级景区为核心，为开发通航旅游产业提供了绝佳的先天条件，与周边的新安江温泉、古楠木森林公园、灵栖洞、江南悬空寺、新叶古村、新安江水电站等知名景点共同组成通航空中旅游景观圈，是开展航空旅游、航空运动和休闲度假的绝佳之地。2016年11月18日，建德航空小镇浙江首条低空旅游专线正式开通，标志着浙江省低空旅游的新时代即将开启。

④ 政策支持到位

2015年4月，浙江省政府出台了《浙江省人民政府关于加快特色小镇规划建设的指导意见》，对特色小镇的创建程序、政策措施等做出了规划。特色小镇政策在土地、税收方面的支持也为航空小镇的建设提供了绝佳的契机。

（3）建德航空小镇的特色定位

根据“政府引导、企业主体、市场运作”的建设原则，2016 年 3 月，建德市政府与赛伯乐集团正式签署了共同发展通航产业的战略投资协议书。根据协议，赛伯乐集团与建德市政府共同发行 30 亿的 PPP 建设基金、10 亿的 PPP 航空产业引导基金，并在三年内，对航空小镇的总投资不低于 30 亿元。航空小镇围绕“航空+体育+旅游”的发展理念，以航空运动休闲旅游、航空服务和航空制造三大区块为主要功能平台，目标定位为长三角地区乃至全国地区生态链功能最为完善的通航机场和以“通航休闲+航空体育+温泉度假”为特色的智慧航空风情小镇。将通过三到五年的努力，打造一方“有山有水有人文，宜居宜游宜创业”的航空热土，并成为具有全国示范效应的“航空智镇、旅游乐镇、文化新镇、生态绿镇”。

（4）建德航空小镇的规划布局

建德航空小镇的规划设计工作委托由阿特金斯（中国）设计有限公司负责（阿特金斯总部在英国，是全球第四大建筑设计公司），经过调研，对航空小镇提出了“通航创智谷、飞行梦想地”的发展目标，提出要将航空小镇定位为“长三角国际公务飞行首个专用基地、全产业链发展的中国通航产业样本、国际化航空生活体验目的地”，提出了“一核一廊两区”的规划设想（一核，即千岛湖通用机场；一廊，即童家溪生态走廊；两区，卜家蓬区块的通航制造配套区和横钢区块航空旅游体验区），以航空产业服务轴、航空主题展示与主题娱乐轴、航空小镇旅游体验轴为主线，构筑远航天地、筑航工厂、航人营地、会展花园与乐航小镇五大功能区，最终打造成为占据通航产业最核心消费应用领域，拥有上下游一体化产业网络，具备航空产业核心竞争力的国际航空小镇。

（5）建德航空小镇的主要措施

一是规划再提升。针对建德航空飞行营地的实际和休闲旅游类产品的融合，对原有的规划重新作一次调整和提升。尤其是在功能定位上努力做到“小而精”“精而特”，不求“大而全”；二是项目再落实。根据产业规划和布局，抓紧相关航空运动休闲类产品和项目的落地。同时，通过定期举办一些赛事、活动等，进一步加大航空飞行营地的对外影响力，让更多的人了解航空运动、参与航空运动、体验航空运动；三是配套再完善。根据项目推进情况，将一些体现航空文化的相关配套商业业态抓紧落地。让游客在体验航空运动的同时，进一步了解航空文化和历史，接受航空科普教育；四是体系再健全。计划在建德市范围内培育一家省级航空特色校、两家市级航空特色校。由中国航空运动协会、中国航空学会科普工作委员会对口支持，在每所航空特色校组建兴趣小组，开展各种航空科普活动，并代表建德市参加全国各级各类航空航模竞赛。同时，开展对全市各学校航空科技辅导员的认定工作，加大对他们的培训力度，切实提升他们开展航空教学教研的水平和能力。

（6）建德航空小镇的重点项目

一是场地设施建设方面，通过场馆设施建设，在航空小镇打造一个包括知识获取和动手体验、享受飞行乐趣全过程的航空科普体系。

① 航空博览馆。该项目占地 4 000 平方米，主要是利用原横山铁合金厂大仓库，打造一个人类航空发展史和航空飞行器结构系统双主线交替推进的航空博物馆，通过使用各种展示手段和实物模拟设备相结合的展项让参观者感受航空的独特魅力和科技感，同时为青少年航空科普营地提供参观学习场所。目前，该航空博览馆的外立面已经竣工，和中航文化就内容填充布局问题展开多次对接洽谈。

② 航空科普体验中心。该项目占地 3 000 平方米，主要是利用原横山铁合金厂小仓库改造成一个青少年航空科普体验中心和利用航空仿真技术打造一个互动体验中心，让参观者通过模拟器体验飞行的乐趣。同时通过不断地开发各种航空科普课程配合青少年航空科普营地组织夏(冬)令营活动，并可承担全国性模拟飞行竞赛任务。

③ 青少年航空科普营地。该项目建筑面积达 4 000 平方米左右，专门建设一个用于承担面向全国的航空主题夏（冬）令营活动营地，为组织各级各类夏、冬令营提供食宿条件和室内培训场地。

④ 航模飞行基地。建设一条 400 米 × 60 米可以用于航模放飞和竞赛的

航模专用场地，在服务青少年航空科普营地的同时还可以承办各种航模竞赛。同时，该场地也可作为航空乐园大型航模情景表演秀的观赏表演场地，并将其打造成游客必看的一个品牌项目。

⑤ 航空激情体验区（露营基地）。该项目占地近 100 亩，主要引进热气球低空观光、低空跳伞体验风洞、滑翔伞、航空应急演练等航空体育项目。在体验航空运动惊险刺激的基础上，还可以饱览美丽的山水风光和亲子互动。对需要进行飞行驾照培训和低空飞行旅游观光的，可以乘观光车到通用机场去体验（10 分钟内到达）。

⑥ 运动类飞机总装项目。由浙江万丰通航投资的捷克运动类飞机（450 公斤）也已经在建德千岛湖通用机场进行了验证飞行。该项目今后将成为华东地区最大的运动类飞机总装、零部件生产和销售运营、考证取证基地。

二组织体系建设方面，立足服务航空产业人才需求，在航空小镇引入两个体系，对小镇所需航空人才的发掘、培养、储备工作起到积极的推动作用。

① 航空特色校体系。计划在建德市范围内培育一家省级航空特色校、两家市级航空特色校。由中国航空运动协会、中国航空学会科普工作委员会对口支持，在每所航空特色校组建兴趣小组，开展各种航空科普活动，并代表建德市参加全国各级各类航空航模竞赛。同时，开展对全市各学校航空科技辅导员的认定工作，加大对他们的培训力度，切实提升他们开展航空教学教研的水平和能力。

② 航空职业技术培训体系。立足通航人才培养和无人机应用，利用现有航空小镇内的建德市工业技术学校，整体转型为航空职业技术培训学院。重点在通航地勤、机务、维修和无人机操控及应用人才的职业化学历培训方面走在华东地区的前列。同时还可以通过对外进行高端通航专业人才输出，努力打造全国通航人才的培训高地。

三是活动内容建设，通过组织各种航空科普活动和航空体育竞赛，进一步提升建德航空小镇（国家航空飞行营地）在全国的知名度，聚集全国乃至全世界的航空爱好者，促进小镇航空人文氛围和产业氛围的培育。

① 中小学生航空科普轮训。通过观看航空科普影片，操作模拟器体验飞行，制作航模飞机等方式让适龄学生接触航空知识，从小培养航空意识，

并从中筛选航空人才苗子，进行有针对性的培训和人生规划引导。

② 航空科普夏、冬令营活动。利用中国航空运动协会的广泛影响和中国航空学会的院校资源，组织全国特别是各级航空特色校的学生来建德参加航空主题夏、冬令营。同时，通过邀请有关航空专家、高级教练和建德籍飞行员到营地作报告、观摩各种飞行表演等，在耳濡目染中“知航空、爱航空”。

③ 全国性的模拟飞行和航模竞赛。利用国家体育总局航管中心和中国航空运动协会的资源，组织全国性模拟飞行和航模比赛（包括海模、车模、建模、热气球等），提升建德航空小镇的知名度，聚集人气。

④ 其他专项航空科普系列特色活动。组织各种类型的专项科普活动，如航空器设计创意比赛、航空绘画比赛、航空表设计大赛、航空装具设计大赛等创意类航空科普活动以及科普类的学术活动。

7. 浙江诸暨大唐袜艺小镇

（1）大唐镇基本概况

每年，大唐镇的袜子产量是惊人的，能够占据全国袜子产量的七成以上，甚至在全球范围内，也占据了三分之一，名副其实的中国和全球最大的袜子生产基地，大唐镇的袜子每年的总产量达到了 115 亿双，但是，运动袜的产量比例却并不高，年生产总量只有一成左右。由于袜品市场比较集中，袜子的销售渠道主要靠外贸出口。然而，大部分企业的业务只放在了接受订单生产上，也就是只负责加工，而国外客户则提供样品，企业则负责生产，每双袜子的利润仅为两三角钱，加工费用压到了最低。这样是一种恶性循环，为了压价，客户越来越挑剔。很多企业只能被动接受客户订单，而不是主动争取市场。若客户找到了更低的加工商，随时可以更换合作加工厂。在这样一个行业里，这些加工袜子的企业缺乏定价权和议价权，使其无法行使价格制定的权利。在这种情况下，诸暨市创美文化传播有限公司发现，国内时尚功能性运动袜的市场有很大的潜力，存在相当大的空缺。该公司研发生产出了具有防紫外线功能和抗菌抑菌功能等多项专利技术的新型功能性运动袜。已提交 8 项专利申请，其中 3 项为发明专利，此外还推出了 50 款具有功能性的运动袜子。根据公司 CEO 陈仁勇的介绍，一双篮球袜子的利润足以抵消 500 双普通袜子的价值。随着中国获得 2022 年冬季奥运会和 2022 年亚运会举办权，我国大力推进校园足球和体育人口的快速发展，在这种环境和政策的有力支持下一定要抓住机会，将体育元素融入产品分类、工艺和包装等方面，按照中央供给侧结构性改革的思路，拓展产业链，提高产品附加值，形成品牌效应，获得更多利润。

作为全省体育强市之一，诸暨市的大唐镇被评为“省首批体育特色镇”。大唐镇还有一个发展体育的优势，就是群众体育基础好。为进一步推动全镇全民健身运动的发展，近年来，他们从实际出发，积极组织群众性体育运动，不断增强人民体质，促进经济建设与社会进步，取得了明显成效。大唐镇在市体育局和镇政府的领导下，设置了20位社会体育指导员进行体育培训，以提高群众的体育技能和素质。具体的培训内容包括向广大民众示范健身锻炼，引导他们掌握科学的健身技巧，鼓励群众积极参与各种科学、健康、文明的体育活动。

（2）大唐镇体育特色小镇形式

诸暨市被誉为“篮球之乡”“金牌球市”。近年来，随着经济发展和人民生活水平的不断提高，当地人们对体育休闲需求更加增大。在诸暨，篮球运动历史悠久，该项目在当地广泛普及，群众基础良好，形成了“村村有球场、镇镇有赛事”的格局，基于这一优势，在创建大唐袜艺特色小镇的过程中，也促进了篮球这一传统特色体育项目的优势移植并进一步拓展提升。小镇经常举办系列比赛和活动，特色小镇袜艺品牌的知名度可以通过承办高品质赛事、利用电视转播和网络新媒体等多种渠道进行广泛宣传和推广。为了促进小镇品牌的建设，也可以通过赞助高水平运动队、在袜艺博物馆内开设运动馆以及组建小镇体育特色社团等多种方式来他提高知名度。

（3）大唐镇体育特色小镇规划

实现小康社会的重要保障在于健康中国，广大民众参与体育活动就必须要有体育设施，体育设施是体育生态环境中不可或缺的要素。

大唐镇的体育设施项目相对单一，主要集中在篮球和乒乓球等传统体育项目的场地设施上，如果只停留在这一阶段，必然无法满足广大群众对于体育集健身、娱乐、休闲功能的多元化需求。大唐镇的规划建设中提出了在有限的空间里集特色小镇的产业功能、旅游功能、文化功能、社区功能于一体，构建产业生态圈，还要形成风景优美、环境宜居的特色，吸引广大产业和企业前来投资，如果只有基础场地的设施，必然不能满足上述要求。另外，由于缺少配套完善的体育场馆和专业人员指导，居民无法参与到运动当中来，这使得人们的体育锻炼积极性不高，不利于全民健身活动开展。因此，在特色小镇的体育设施建设中，特别注重打造现代化的体育项目和设施，以满足城镇居民的需求。在规划设计过程中，十分注重将企业内部、企业与功能区域、功能区域与小镇整体之间的布局相互融合，以达到健身性与生活性的完美结合，既便捷，又充满特色。

为了打造品牌特色小镇宜居环境，需要积极引导小镇居民和企业中的外来务工者转变生活观念，深入了解体育、认识生态体育的价值，并树立“生活、休闲、健身”一体的现代化生活理念，促进宜居环境的推进过程。可以采取的手段和路径有很多，比如通过建立专门的宣传媒介，如宣传栏、小册子、网络新媒体、互联网+体育健身等，影响群众的体育理念，还可以举办体育保健知识培训和开展体育生态知识讲座等多种途径，促进人与人之间的和谐，提高居民的体育健身意识。

8. **江苏省运动休闲特色小镇**

（1）江苏省体育小镇类型

江苏省体育局于 2016 年最先提出创建运动休闲特色小镇，直到 2017 年 6 月，江苏省第一批和第二批省地共建的 14 家运动休闲特色小镇，彰显了其在全国体育领域中的领先地位。这些运动休闲特色小镇为人们提供了更多参与体育锻炼的机会，丰富了市民的业余生活。根据不同的产业类型和人群，针对体育产业的潜力，运动休闲特色小镇有着更加专业的划分，分别为休闲型、产业型、康体型和赛事型。

① 休闲型运动休闲体育特色小镇

位于千年古镇汤山的南京市汤山温泉运动休闲特色小镇，其主题设为“体育+旅游”，致力于打造一个充满温泉、体育、健康和文化氛围的休闲体育特色小镇。小镇将体育、健康、休闲、文化、养老、宜居等多个领域融合在一起，积极发展以群众性体育赛事和全民健身活动为特色的现代体育产业基地，致力于打造集健康活动、休闲养生、医疗保健和生态宜居于一体的综合性场所。

② 产业型运动休闲特色小镇

太仓天镜湖电竞小镇坐落于科教新城区，孕育了一个以“体育+科技”为主题的电竞产业聚集区，这里汇聚了专业技能精湛、团队合作、充满活力和创新精神的电竞产业。为此，小镇将持续加强基础设施和公共服务设施的建设，包括但不限于教育、卫生、文化等领域，同时引入高端赛事，积极开办各种电竞活动，致力于形成具有标志性的品牌形象。

在淮安施河镇致力于打造体育健康特色小镇，以“体育+制造”模式为核心，注重高端技术的创新和严格的制造流程，致力于打造出品质卓越的产业型体育小镇。以推进产镇融合发展为主线，以新型城镇化为引领，以教育体育装备产业为核心，不断提升其影响力。

③ 康体型运动休闲特色小镇

浙江的康体型运动休闲特色小镇比较典型的是南京老山有氧运动小镇，该小镇以融合养生与有氧运动的理念为核心，其建设主题是“体育+养生”。在生产力不断提高的当下，我国人民的平均寿命也不断延长。随着社会的不断进步和人们生活水平的提高，人们越来越期望可以长寿，也希望在长寿的同时能够提高生命品质，因此人们对于健身康体养生的需求也在不断攀升。为了促进健康服务业的发展，国家和地方政策已经明确了其发展方向，并积极推动和激励其蓬勃发展。因此，南京老山有氧运动小镇的建设顺应了潮流。

④ 赛事型运动休闲特色小镇

赛事型的特色小镇当属张家港凤凰镇，该镇的体育元素主要放在了足球赛事上，当地有自己的“贝贝”足球品牌资源的优势，为构建一个集青少年足球运动员训练、比赛、疗养于一体的足球产业生态系统打下了基础，实现了多元化特色产业融合，包括“体育+互联网”和“体育+旅游”，从而打通了上下游产业链，让当地社会经济效益不断攀升。

（2）江苏省运动休闲特色小镇的创建路径

① 以人为本，开拓体育产业发展新空间

江苏省体育局致力于以人为中心，将广大民众的体育健康需求放在重要位置，大力推进建设运动休闲特色小镇，本着惠民的目的，将体育产业的实际利益传递给广大民众。江苏省体育局旨在打造一个以“宜居、宜业、宜游”为特色的运动休闲体育小镇，通过对外注重产业环境和对内关照人的需求，不断拓展常态化体育生活空间，为居民提供更多舒适感、便利性和满意度高的健身体验，让小镇居民获得更多幸福感和获得感。

② 聚焦“特色”，多元化发展“体育＋”

自2016年起，全国范围内掀起了一股运动休闲特色小镇的热潮，然而，真正符合“特色”标准的小镇却寥寥无几，只有极少数能够脱颖而出。其实，根据多年的特色小镇建设经验，建设特色小镇，需要根据自身条件选择合适的路径，才能真正走向“特色”。体育小镇要有“特色”，就必须在其体育特色产业链的构建、业态的创新、运动特色设施的建设以及体育服务的提升方面形成融合的模式，这样才能提升小镇特色体育文化内涵。要想推动我国体育特色小镇健康可持续发展，必须注重挖掘当地优势体育项目，培育具有地方特色的产业体系，构建完善的配套服务体系。江苏省以其丰富的生态资源和领先的体育产业发展地位为支撑，为运动休闲特色小镇的发展提供了强有力的支持。江苏省体育局以“特色”为中心，将运动休闲特色小镇的筛选标准一再提升，以体育为基础，注重体育与小镇特色的融合，致力于打造“体育＋”的全新业态，这样建设的各类小镇都充满了自己的特色，打破了千篇一律的格局。

③ 突出主题，塑造小镇文化灵魂

“健康”永远是江苏省的运动休闲特色小镇的主题，它不是简单地将运动和休闲放在一起，而是将运动、休闲和小镇的功能有机地融合在一起。关于运动休闲特色小镇如果以宏观的角度分析，通常注重四大方面的功能，包括产业、旅游、文化和社区的功能，坚持对小镇进行精准规划和多元化建设，将体育健康主题突出出来，融合当地文化特色，实现差异化发展。

运动休闲特色小镇所拥有的根基和灵魂在于其独特的文化基因，这些基因在各个镇都得到了体现。通过分析不同类型的运动休闲特色小镇文化内涵及特点，我们需要将文化基因融入小镇的灵魂中，秉持创新、协调、绿色、开放、共享的新发展理念，塑造独具特色的文化氛围，提升小镇的生命力和可持续发展能力。在建设体育小镇时，必须充分挖掘与整合历史文化、民俗文化和传统技艺等文化内涵，形成独具特色的产业体系、生态环境及配套设施。为了塑造小镇独特的文化，我们需要在城市、产业和人类融合发展的过程中植入文化基因，综合考虑生产、生活和生态等方面的文化特色，以挖掘每个地方的独特文化基因。体育作为一种特殊产业，是运动休闲特色小镇的生命力所在，必须根据区位优势和资源禀赋来推进主导产业的发展，拓展产业链，促进跨界融合。

④ 强化生态保护，提升小镇自然和人文环境

在运动休闲特色小镇的建设过程中，生态环境保护是一项至关重要的任务，小镇要想推进规划和建设，必须首先维护好生态平衡。运动休闲特色小镇必须以生态绿色理念为核心，制定完善的绿色政策顶层设计，同时在产业发展中兼顾“特色”和“绿色”，践行“绿水青山就是金山银山”的发展理念，并通过创意手段将生态绿色元素融入其中，兼顾物质和精神产品的开发。通过政府引导、市场运作等方式推动运动休闲特色小镇健康快速发展。踏上一条以绿色、集约、低碳为特色的运动休闲小镇建设的路径。我国地域辽阔，各地经济水平参差不齐，因此需要因地制宜地制定不同的策略，才能保证运动休闲特色小镇健康有序地开展。在江苏省，如果要建设运动休闲特色小镇，就要减少传统工业的发展，特别是那些污染严重的重工业，必须采取措施杜绝污染企业或产业进入，同时注重生态保护和体育文化传承，以自然和人文环境取胜。

二、体育特色小镇的多维解读

（一）社会治理视角

在党的十八大报告中，强调了加强和创新社会治理管理的重要性，而在党的十八届三中全会中，提出了推进社会领域制度创新、实现基本公共服务均等化、建立科学有效的社会治理体制以及推进国家治理体系和治理能力现代化的理念。在当前全面深化改革时期，社会治理成为一个重要话题。我国正式提出社会治理理念，彰显了我们对于政治、经济、文化和社会领域协调可持续发展的高度重视。社会治理理念也成为当前学术界研究的一个热点问

题。相较于传统治理，社会治理更加强调多元化的权威来源和治理主体，在治理过程中，政府不再大包大揽。社会治理模式从最初的单一向多元转变，由被动接受到主动适应，逐渐成为当前社会发展的主流趋势之一。当前，我国的社会治理模式是一种以“党委领导、政府负责、社会协同、公众参与、法治保障”为总体格局的中国特色社会主义社会管理模式。在我国“十三五”发展规划中，明确提出要积极构建全民共建共享的社会治理格局，也为我国未来社会治理工作指明了目标任务和基本方针。在党的十九大报告中，强调了共建共治共享社会治理格局的重要性，并提出了进一步加强社会治理制度建设、完善党委领导、建立政府负责、社会协调、公众参与、法治保障的社会治理体制，让社会治理走向社会化、法治化、智能化和专业化水平，这是当前我国社会治理领域最重要的指导原则和创新方向。随着“健康中国”理念的不断推进，体育事业已经成为国民经济发展不可或缺的部分。推动体育社会治理体系发展与完善，也是解放思想、促进生产力发展、积极推进社会治理变革、探索中国特色社会主义发展道路的重要举措。

在我国全面进入深化改革的关键时期，社会转型和城市化进程给经济社会带来了巨大活力，同时社会结构不断变化，社会矛盾集中涌现，传统的社会管理模式已不能满足社会需求，主要表现为以下三个方面。第一，在经济体制层面，我国的经济体制逐渐由单一的公有制经济发展转化为以公有制为主体，多种所有制经济共同发展的所有制结构，市场发挥着决定性作用，以前的计划经济时代的政府管理方式无法为经济发展注入活力。第二，在政治体制层面，我国的政治结构由集权型转化为民主法治型，政治体制改革进程加快，强制性的行政管理不适合当前政治发展环境。第三，在文化体制层面，文化体制改革不断深入，传统政府统包统揽的管理方式束缚了文化事业与文化产业的发展。经济新常态背景下，社会治理的特征愈加突显，主要表现为政府主导、多元参与的治理方式，综合化、现代化、科技化、网络化的治理手段，社会稳定、人民利益、百姓安康为主导的治理目标。在中国共产党的领导下，我们需要实现从社会管理向社会建设再向社会治理的转型，这意味着我们需要正确处理政府、社会、市场和公众之间的关系，以确保它们之间的良好互动，从而在法治框架内有效地解决各种社会矛盾和问题，促进社会公平，推动社会有序发展。

近几年，我国全民健身战略得到全面实施，体育产业水平也在持续提升，这给浙江省的体育特色小镇建设和发展带来了一个难得的机遇。体育特色小镇是推动我国城乡一体化发展的一个重要途径，也是当前我国政府大力倡导和支持的一项社会工程。在城乡结合区域，体育特色小镇的建设对于促进城乡体育的一体化发展以及解决各种“城市病”问题具有至关重要的意义。通过对体育特色小镇的建设，既有利于推进体育产业、旅游业、健康产业、房地产业、体育基础设施、文化产业、服务业等多个产业的发展，同时也能在一定程度上拓展社会治理空间。体育特色小镇作为社会治理领域下多元融合、跨界发展的特色产业，依据小城镇地理基础和生态环境，采取因地制宜方式充分利用地区资源，整合各种社会资源，最大限度地增进公共利益，为社会提供更丰富有效的公共服务，是对社会转型期间凸显的社会问题的积极回应与有效解决。体育特色小镇的社会治理充分体现了社会治理的精细化，是国家社会治理创新的一个重要表现。浙江省在建设、发展体育特色小镇的过程中，应该充分利用市场机制的优势作用，积极采用精准治理模式，充分调动社会力量，通过共同努力，逐步实现体育治理体系的现代化。

（二）产业融合视角

随着我国体育产业的蓬勃发展，其与相关产业的深度融合和业态创新已逐渐显现，呈现出向更高层次发展的趋势。学者杨强将体育产业与相关产业融合定义为：“体育产业与文化、旅游、信息等相关产业之间互相打破产业边界，通过各自产业价值链的渗透、延伸和重组，以体育健身休闲业、体育竞赛表演业、体育馆（场）服务业等体育本体产业资源为依托，以相关产业要素为载体，经过技术融合、业务融合和市场融合逐步融合发展形成的以体育本体资源为核心，兼具相关产业特性的新型体育业态的动态发展过程。”①我国体育产业与相关产业的融合程度越来越深，融合范围也更加广泛，他们遵循了技术融合、业务融合与市场融合等产业融合的演进路径，从而最终形

① 杨强．体育产业与相关产业融合发展的内在机理与外在动力研究［J］．北京体育大学学报，2013，36（11）：20-24，30.

成一种新型的体育融合业态。

2016 年《体育产业发展“十三五”规划》中提到“十三五”时期体育与科技、文化、传媒、健康、养老、旅游等相关行业日益融合，并指出接下来的发展目标是实现体育产业各门类协同融合发展。2016 年 12 月，国家体育总局与文化和旅游部加强合作，共同印发《关于大力发展体育旅游的指导意见》，提出要加快发展体育旅游，推动体育产业与旅游产业深度融合。

目前，体育特色小镇的产业跨界融合已具有鲜明的特征，体育与旅游产业的融合不断深化，体育与健康养老产业的关联也在不断加强。产业跨界融合视域下，更加强调各产业之间的契合度与匹配度，在体育特色小镇建设与运营中，体育产业的开发与发展至关重要，它对体育特色小镇的健康可持续发展具有非常重要的推动作用，而体育特色小镇则是体育相关产业的重要集聚区，因此可以将产业链进行自然延伸，促进联合产业附加值的提升，以充分满足市场需求。在产业融合背景下，体育特色小镇建设与运营过程中，对体育产业的定位非常明确，体育特色小镇、体育产业发展过程中所提供的各种产品与其他各个产业之间进行相互交叉与渗透，这对原来产业产品的特征以及市场需求产生了一定的影响，在很大程度上导致产业边界的逐步模糊化，但是体育产业并不是一个独立的产业形态，其中所涵盖的范围十分广泛，主要涉及旅游产业、文化产业、健康产业以及科技产业等多个产业，事实上，体育产业是各个产业通过充分融合而形成的产物。体育特色小镇具有产业融合性、经济带动性、制度创新性以及空间开放性等特征，它是促进体育产业与其他各个相关产业进行有机融合的新型载体。

（三）新型城镇化视角

我国城镇化自改革开放以来得到迅速发展，是历史自然选择的合理性结果，也是经济社会的物质推动结果，当前中国城镇化发展已经进入中期阶段，传统城镇化发展模式是以经济发展为中心目标、以地方政府为主导、以外向型工业化为中心动力、以土地为主要内容、以规模扩张为发展方式、以大量的物质资本投入为驱动要素，但是这种发展模式违背了可持续发展。传统城镇化发展中所带来的问题愈演愈烈，主要表现为城镇区域发展、产业布局、人口分布不均衡；城镇建设和发展规划不科学、不合理；社会发展成本增加、社会问题突出。总的来讲，在我国推进城镇化发展的过程中，由于各个地区在地理环境方面具有一定的差异性，再加上城乡二元分割体制的实行，导致我国不同区域发展存在不均衡的现象，尤其表现在产业布局、人口分布等方面，同时在城镇规划、建设与发展等方面也缺乏足够的特色。

城镇化是人类社会发展的客观趋势，标志着一个国家的现代化发展，因此，一个国家的城镇化发展水平在很大程度上反映了该国家的现代化发展水平，新型城镇化建设在促进我国社会经济发展水平提升、推动社会主义现代化建设方面发挥着十分重要的作用。为了能够全面深入推进我国新型城镇化建设，国务院于 2016 年 2 月颁布了《关于深入推进新型城镇化建设的若干意见》，该意见明确指出各个地区的政府部门应该充分考虑当地实际情况，尽可能地调动市场主体的积极性，加强对土地、财政、投资等各方面政策的制定与完善，坚持以人为核心，将小城镇发展与特色产业相结合，推动特色小城镇快速发展。2018 年 9 月，国务院出台《乡村振兴战略规划（2018—2022 年）》同样指出要保护乡村特色资源，坚持与新型城镇化相结合，根据当地实际情况灵活采取科学有效的措施，积极建设具有鲜明特色、充满魅力的体育特色小镇，进一步推进城乡结构的优化与完善，促进城乡一体化发展。体育特色小镇是基于“创新、协调、绿色、开放、共享的新发展理念”下新型城镇化建设的重要表现与新型途径，具有调节结构与要素、传承文化等方面的重要价值，在改变传统城乡二元结构、创新经济发展模式以及推进新型城镇化建设等方面有着非常重要的作用。特色小镇建设已经成为新型城镇化建设中最为突出的载体和呈现模式，是新一轮城镇化的“综合实验区”与乡村振兴的重要结合点。体育特色小镇是新型城镇化建设与发展的一个重要手段，对于实现城乡公共体育服务均等化、促进体育产业供给侧结构性改革等方面具有十分重要的意义。建设落实体育特色小镇是落实新型城镇化战略的重要抓手，譬如，江苏省无锡江阴市新桥镇以海澜国际马术俱乐部为抓手建造国际化标准的马术综合训练馆、马术比赛馆、马术表演馆三项比赛场地，逐步建设成浙江省和全国有名的体育特色小镇。

（四）全民健身视角

要想实现全民健康，就有必要加大对全民健身活动的开展力度，为全面建成小康社会、建设健康中国提供重要的推动力，全民健身计划的实施对于我国经济结构的优化与调整具有非常重要的价值。

随着我国社会经济发展水平的提升以及人们健身需求的日益增加，健身休闲产业的发展开始迎来更大的机遇，并且已经开始成为促进消费升级、促进体育产业及其相关产业发展水平提升的重要推动力。休闲时代的来临，使全民健身在国家发展中的战略地位不断提升，体育产业作为运营和构建积极健康生活方式的生产经营性活动，成为推动全民健身战略实施的中流砥柱。全民健身对于增强人民体魄，推广健康积极的生活方式起到保障性作用，而国民体质健康是国家富强的物质基础，是实现民族振兴的重要途径，是实现人民美好生活的根本途径。全民健身体育强调在“健体”的基础上实现“健心”，培育良好的健身运动休闲方式。而结合了“体育＋养生”“体育＋旅游”等诸多突出健身、健体特色的体育特色小镇旨在多层次、全方位地满足消费者的需求，达到“健体”“健心”的效果。体育特色小镇是发展健身休闲产业的绝佳载体，蕴藏着无限的市场潜力和发展空间，正面临着重大发展机遇。

（五）精准治理视角

1995 年，由联合国全球治理委员会发表的《天涯若比邻》这一报告首次提出“治理”一词，治理渐渐成为全世界各个国家政府、企业以及各类组织运行的重要模式，其核心内容在于“参与”“平等”“回应”“责任”“合法”“有效”等。在社会经济不断发展的过程中，人们在对政府、社会与公众之间的关系进行思考时，认为通过相应的“治理”手段能够对经济发展过程中所出现的市场失灵与政府失灵等问题进行解决，自此，“治理”一词开始受到越来越多人的关注。在发展体育特色小镇的过程中，应该遵循以政府为主导，以市场为主体的原则。学者闵学勤指出，精准治理在体育特色小镇的建设与发展过程中发挥着十分重要的作用，能够充分发挥政府、社会、市场、公众等各个参与主体的作用，并由这四大主体共同承担体育特色小镇的建设工作，使其成为体育特色小镇建设工作中共同的权利主体与责任主体，共同致力于体育特色小镇的建设与治理工作。

我国非常注重顶层设计。2015 年 11 月，我国制定了“十三五”发展规划，该规划中指出要“推进社会治理精细化，构建全民共建共享的社会治理格局”，这是自从党的十八大提出“加强和创新社会管理”“推进国家治理体系和治理能力现代化”“改进社会治理方式”之后再次对社会治理予以更多的重视，并将这一理念进行提档升级，由此标志着我国将全面进入精准治理的时期。相对于一般治理，精准治理更加注重治理的目标导向与公民的有效参与，强调过程要合法且公开透明，并强调要对结果进行严格评估。体育特色小镇具有体量小的特点，将精准治理模式运用于体育特色小镇建设与运营过程中，将更好地凸显精准治理的优势，同时这对于推进新型城镇化的建设具有十分重要的意义。

三、体育特色小镇精准治理的内在动因

（一）基于社会治理理念的时代需要

在党的十八届三中全会中提出社会治理理念，提出要实现国家治理体系与治理能力现代化的要求。在党的十九大报告中，又反复强调精准治理理念，提出要构建全民共建共享的社会治理格局，精准治理理念的提出进一步强化了社会治理理念。

作为我国城乡一体化发展的新形态，体育特色小镇的建设工作也应该纳入国家治理体系中，应该加大对体制与服务方面的创新力度，将体育产业与其他各个产业之间的资源要素进行充分整合。与此同时，要充分发挥政府的引导作用与市场的主体作用，充分利用社会企业、社会组织等社会力量，共同推进体育特色小镇治理体系与治理能力的现代化。

（二）基于新型城镇化建设的现实需要

中共中央、国务院于 2014 年印发了《国家新型城镇化规划（2014—2020 年）》，指出要加快中国特色社会主义新型城镇化建设，全面促进城镇化质量

的提升，促进城乡一体化发展。自从该规划提出以来，我国各地区开始加大改革力度，推进新型城镇化建设，并且也取得了一定的成绩，但是仍然存在一系列问题，城镇化质量有待进一步提高，于是，为了更加深入地推进新型城镇化建设，国务院于 2016 年 2 月，又发布了《关于深入推进新型城镇化建设的若干意见》，并提出要根据当地实际情况，发展具有鲜明特色与巨大魅力的产城融合的小城镇。2016 年 7 月，住建部、发改委和财政部三大部委联合发布《关于开展特色小镇培育工作的通知》，提出到了 2020 年，要建设 1 000 个各具特色、充满活力的特色小镇。这一系列政策的制定与颁布为新型城镇化建设提供了足够的政策支持与指导。体育特色小镇是特色小镇的一种类型，与城乡一体化发展道路相契合。加强对体育特色小镇的精准治理，对于“体育+”的多元化融合发展、促进新型城镇化建设具有十分重要的意义。

（三）基于全面实施“健康中国”的战略需要

国务院于 2014 年 10 月印发了《关于加快发展体育产业促进体育消费的若干意见》，确立了全民健身的战略地位，并将其纳入国家战略中。同时党的十八届五中全会也确立了健康中国的战略地位，并将其上升为国家战略。2016 年，为了进一步促进全国人民健康水平的提升，推进健康中国建设进程，中共中央、国务院根据党的十八届五中全会战略部署，颁布并实施了《“健康中国 2030”规划纲要》，该纲要对健康中国战略的具体实施方法进行了全面系统地规划，提出要加大对健身休闲运动产业的发展力度，加大对健身休闲示范区、健身休闲产业带的建设力度，尤其是党的十九大报告中，又一次强调要实施健康中国战略，加大对国民健康政策的完善力度，从而为人们参加体育健身活动、促进人民体质健康提供全方位的服务。由此可见国家对“健康中国”战略的重视程度，全面实施“健康中国”战略已经成为非常紧迫的重要任务。

（四）基于新时代体育产业的转型需要

在经济新常态背景下，如今我国传统的体育产业中所存在的各种问题越发凸显，已经难以有效满足人们多样化的体育健身需求，因而急需对体育产业的供给侧进行改革，针对当前我国体育产业发展水平不够高、产业结构不够合理的现象，应该积极探索相应的解决对策。体育特色小镇是一种融合多种产业的综合体，涉及休闲产业、旅游产业、健康产业、文化产业、养老产业等，对于多种产业的协同发展有着非常重要的推进作用，因此，加大对体育特色小镇建设的供给力度，对于体育资源的优化配置以及体育产业发展水平的进一步提高具有至关重要的作用。

第二节　体育特色小镇的构建原则

一、政府各个部门相互配合进行统一化建设

体育特色小镇的建设是一个需要多部门协调合作才能完成的复杂过程，因此，要想实现对体育特色小镇的精细治理，还需要各个部门之间有着很强的协调合作能力，作为当地群众，也应该积极配合政府参与到精准治理的相关工作中来，因此，为了保证体育特色小镇精准治理工作的顺利进行，相关部门应该加强对体育特色小镇的统一化建设，在进行建设的过程中，做到及时沟通交流，充分实现信息的及时共享，以避免因为沟通不足而造成各种各样的问题，阻碍体育特色小镇的精准化建设。同时，作为政府部门，也应该积极倡导当地居民加入体育特色小镇精准化建设的行列中，及时了解并合理采纳当地居民的意见与建议，从而逐步实现体育特色小镇建设的统一化、多方共赢的初衷。

二、将体育特色小镇的治理工作与网络连接

随着互联网技术的高速发展，“互联网＋”的概念渐渐被提出并开始广泛运用于各个领域中，如今我国也开始大力提倡实现互联网技术与各个行业的融合，同样的，在建设体育特色小镇的过程中，也可以充分发挥互联网技术多方面的优势，将互联网技术融入体育特色小镇精准治理工作中，有利于

加速实现不同地区的资源共享，各个地区在建设体育特色小镇的过程中，能够快速实现彼此交流与沟通，从而更加全面和深入地了解人们的消费需求与意向，进而能够为体育特色小镇的精准治理提供可靠的依据。另外，各个部门在建设体育特色小镇的过程中，也可以通过互联网技术为人们构建一个健全完善的评价机制，以便于人们将自己对体育特色小镇的建议与意见通过互联网平台进行表达，以便于相关人员及时对体育特色小镇的建设工作进行调整与改善。

三、充分发挥体育特色小镇的本土文化特点

体育特色小镇中的本土文化是当地居民因为长期的生活方式与共同的思维习惯而逐渐沉淀成的一种独一无二的文化，这种本土文化与传统文化之间存在一定的区别，必须在小镇中经过一定时间的洗礼和熏陶才能够体会出来，即使通过书籍也是无法直接感知到的。因此，在精准治理视角下，政府部门在建设体育特色小镇的过程中，应该充分体现出当地的特色文化，充分重视体育特色小镇本土文化的建设，不能一味地追求经济效益而忽略，甚至是破坏本土文化。

四、将构建体育特色小镇的流程进行详细规划

体育特色小镇的建设工作是一项涉及很多方面的复杂过程，既需要加大对当地特色资源的开发与利用，又要注重对具有当地特色的本土文化的传承与发扬，既需要注重当地体育产业、旅游产业等各个行业的协调发展，同时也要注重环保工作的开展，特别是环境污染问题，需要格外重视，一方面要避免对生态环境造成破坏，另一方面也要做好相关的污染治理工作。因此，在对体育特色小镇进行建设之前，相关政府人员应该先对体育特色小镇的建设流程制定详细的规划，将环境污染预防与治理问题作为重点工作，同时对体育特色小镇建设的其他一些重要问题进行详细完整的规划，以保证体育特色小镇的建设能够高效有序地开展。

第三节 体育特色小镇保障体系建构

一、体育特色小镇多元化运营模式构建

对于体育特色小镇的建设，浙江省提出“政府引导、企业主体、市场化运作”的建设模式，强调不管是哪一个运营主体，也不管其是什么身份，都应该采用市场的运营方式。通过政府引导、企业主体、市场化运作模式，形成多元主体力量整合推进体育特色小镇建设的格局。作为政府应该充分发挥自身职能作用，提供积极的引导和服务，即要在顶层制度设计、基础设施建设和配套规划、资源要素保障、组织协调监督、实施体制及机制创新等方面为体育特色小镇建设提供科学引导和规划、优化公共服务、破除制度性障碍。关于企业主体方面，要吸引更多大型企业对体育特色小镇进行开发、建设与运营。关于市场化运作，就是要以市场为导向来对体育特色小镇进行规划设计与建设，而且企业应该坚持公开透明的市场原则来开展入驻与退出工作，并通过市场化运营手段来对小镇进行运营，同时还应该由具有独立企业法人资格的企业来对条件比较成熟的体育特色小镇进行建设。在发展、运营体育特色小镇的过程中，选择何种运营模式，主要取决于投资主体有哪些，同时也取决于政府主体在体育特色运营过程中的参与程度。体育特色小镇多元化运营模式具体如下：

（一）政府成立国有企业运营

政府负责成立专门的国有企业，对体育特色小镇进行专业化的统筹管理与运营。这样的运营模式既有利于充分满足市场化运作需求，又有利于充分发挥政府在体育特色小镇建设与运营过程中的主导作用。通常情况下，政府主要在项目建设的初级阶段进行投资，然后当体育特色小镇正式进入运营阶段时，再由专门的国有企业来对其进行运营。由政府成立的国有企业来对体育特色小镇进行管理与运营，有利于建立产权清晰且具有独立性的企业法人，也可以建立企业会计制度，这样一来，体育特色小镇的经营管理权大部

分掌握在企业手中，因此，企业在这一过程中掌握着更多的话语权。由政府成立国有企业的管理模式主要有以下几种类型：由体育系统自行组织与管理的公司进行管理的模式、脱离体育系统隶属于国资委管理的模式、由多家企业参股并形成伙伴关系的公司进行管理的模式。

在体育特色小镇建设过程中，这种由政府成立国有企业运营的管理模式主要有以下几个方面的特点：一是各个行业管理部门并不会对体育特色小镇进行直接管理，在体育特色小镇运营中只发挥政府职能部门的作用，其主要任务在于对体育特色小镇建设相关工作进行统筹监督与组织协调，这样的模式下，政府主要通过成立国有企业来对体育特色小镇进行直接管理；二是政府与企业之间采用的是政企分开的模式，二者的权责是彼此分离的，在体育特色小镇市场经济活动中，政府为企业赋予了充分的运营管理权，企业有权对内部的运营管理体制进行适当的改革，在进一步扩大自身经营自主权的基础上，对体育特色小镇的各项经营事务进行统筹管理；三是该模式是纯粹的市场化运营模式，政府将体育特色小镇的经营管理权完全交给其所成立的国有企业。

（二）民营企业独立自主运营

体育特色小镇的民营企业独立自主运营模式指的是由私人企业进行独立投资建设与运营的模式，主要由具有独立法人资格的企业来对体育特色小镇进行运营与管理。通常情况下，民营企业在对体育特色小镇进行运营的过程中，所采用的经营手段与渠道比国有企业更加专业且丰富，在日常经营管理过程中，所采用的服务流程与价格体系也更加规范，这些对于体育特色小镇管理水平与运营效率的提升有着非常重要的促进作用。民营企业独立运营模式的主要特点在于完全由社会企业或者个人来负责对体育特色小镇进行投资建设与运营。其重点在于通过多元化经营模式来实现自身经济效益的提升，其经营项目主要涉及餐饮业、住宿业、购物、竞赛表演业、会展经营等。事实上，民营企业运营模式与国有企业运营模式除了在投资建设主体方面存在不同之外，其他方面的特征基本相同。对于私营场馆而言，在运营的过程中，其所面临的主要问题为成本过高，主要包括高额的税收、土地成本等，这些都是限制体育特色小镇发展过程中获取经济效益的重要因素。因此，该模式有一个很大的缺点就是很容易因其公益性与服务性的缺失，而演变成一个纯粹的商业项目，难以为人们的休闲旅游活动提供足够的公共资源，也难以实现其应有的社会价值。通常，在这种经营模式下，民营企业的首要目标在于获取更多的经济效益，为了追求更多的经济利益，通常会尽可能地降低成本，进而很容易忽视其公益性。如果一味地强迫体育特色小镇运营企业为人们提供一些不能盈利的公共服务，只会造成恶性循环，从而大大降低民营企业在体育特色小镇运营过程中的积极性。因此，相关政府部门可以通过向体育特色小镇购买公共服务的方式来保证民营企业的利益。

（三）混合运营模式

在选择体育特色小镇运营模式的过程中，相关主体应该充分考虑当地的发展特点、体育产业发展规律以及社会经济发展水平等实际情况，最大程度激发体育特色小镇的发展活力，实现资金、人才等资源与市场的充分结合。体育特色小镇的混合运营模式主要包括委托经营模式、合资经营模式与承办经营模式三种。体育特色小镇委托经营模式指的是委托方通过地方政府来对体育特色小镇建设主体进行构建，通过公开招标的形式，按照事先制定的合同，委托第三方组织来负责体育特色小镇的运营与管理。在该经营模式下，政府主要负责对体育特色小镇的运营进行监管，企业主要负责对体育特色小镇中相关产品与服务进行生产与提供，进而构建出产权清晰、主体明确的责任机制。委托经营模式下的体育特色小镇以特许经营为主要原则来更大程度地发挥市场机制的作用。体育特色小镇委托经营模式的主要特点在于委托方将部分或者全部体育特色小镇经营权出让给受委托方，借助社会资本及其经营经验来对体育特色小镇的发展现状进行一定的改善，为人们提供更加专业规范的产品与服务，从而进一步提升体育特色小镇的经济效益与社会效益。

体育特色小镇合资经营模式是一种引入民间资本来对小镇进行投资建设与运营的重要手段，主要由小镇自己提供相应的土地资源、体育设施资源等，由民营机构来投入相应的资金或者其他一些资产等，对体育特色小镇进行共同开发与经营，共同承担风险，共同享受所获得的收益[①]。体育特色小镇的合资经营模式具有多方面的优势，具体表现在产权与经营权分离，能够有效缓解政府财政压力、促进体育特色小镇运营效率提升等，但同时也存在一定的缺点，如不同运营主体所承担的风险划分不够清晰，所享有的权利不够明确，而且该模式下所建设的监管体系也不够健全完善，缺乏相关的监管机构，等等。这一系列问题都是在对该运营模式进行实际操作的过程中难以回避的问题。

体育特色小镇承包经营模式指的是政府拥有体育特色小镇的所有权，然后在遵循所有权与经营权完全分离的原则下，通过招标、谈判、协商、聘任等一系列流程将体育特色小镇的经营权与管理权完全转让给某一公司、社团或者是个人来进行经营与管理。通过承包经营合同的形式来对体育特色小镇所有者与经营者的权利、责任以及利益等进行明确规定，作为承包人，应该充分利用自身的各方面资源、经营经验、经营能力以及对市场发展规律的把握来对体育特色小镇进行自主经营，在这一过程中需要自负盈亏。

二、实施各类模式，整合推进建设

（一）体育特色小镇的商业模式

1. 土地一级开发

只是进行土地的一级开发，直接从中获利；进行一级土地开发，同时通过其他模式（如补贴方案等），享受升值收益结构。

2. 二级房产开发

包括六大房产结构：一居所地产、商铺型地产、客栈公寓型地产、二居所地产（周末）、三居所地产（度假）、养老地产。通过销售回收经营等方式形成销售运营模式。

3. 体育特色项目开发

通过项目的运营获得收益。一是特色产业项目开发，包括科教文卫等产

① 方曙光，陈元欣. 民营机构参与体育场馆市场化运营研究［J］. 天津体育学院学报，2012，27（1）：22-26.

业事业导入及产业园、孵化园等产业本身开发；二是旅游产业项目开发，包括旅游吸引核项目（如主题公园）、休闲消费聚集项目（如休闲商街）、夜间休闲聚集项目（如水秀表演等）。

4. 产业链整合开发

两大产业链：泛旅游产业链和特色产业链；两大产业链相互支撑，构建区域产业生态圈，包括金融、教育、居住人群、城市化机构和政府政策等。

5. 城镇建设开发

城市服务：公共交通服务、社会服务等；城市管理：城市智能化管理、政府政策等；城市配套：银行、学校、医院等。

（二）体育特色小镇的运营模式

以企业主体，政府服务，政府负责小镇的定位、规划、基础设施和审批服务，引进民营企业建设体育特色小镇。（包括：运营模式的种类、运营模式的对比及优劣分析、运营模式的实施条件、运用模式的绩效评估），如图 5-3-1 所示。

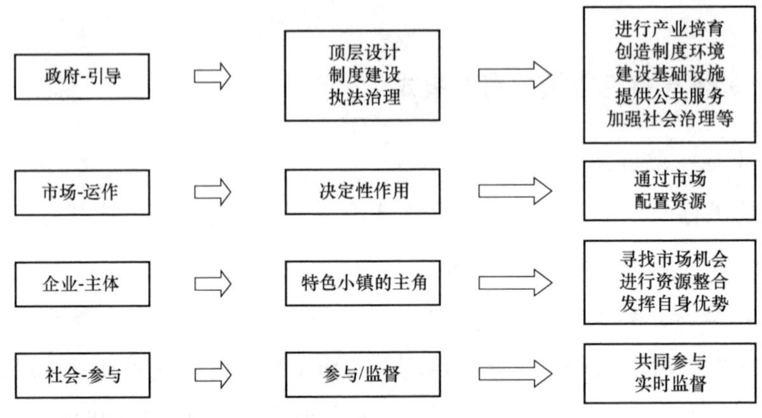

图 5-3-1　体育特色小镇的运营模式

（三）体育特色小镇的投融资模式

主要以构建项目为核心；以城市投资及体育项目投资为支撑，多种投资平台相互协调；体育特色小镇投融资平台为互相支撑的投融资框架结构，体育特色小镇投融资与 PPP 模式，如图 5-3-2 和图 5-3-3 所示。

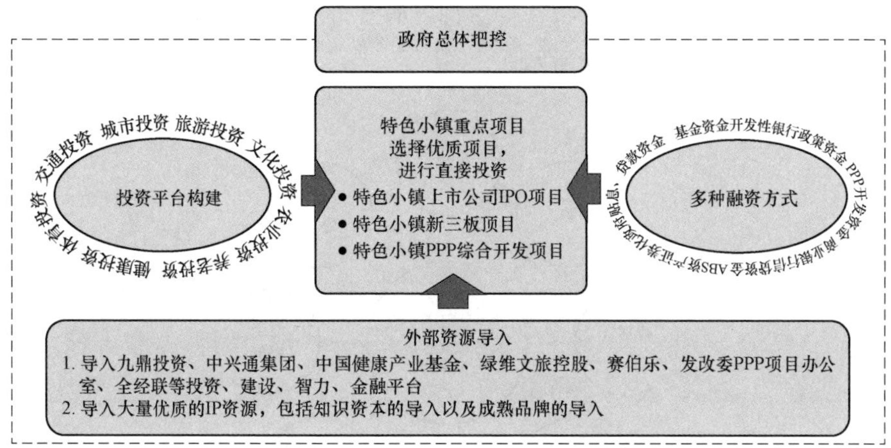

图 5-3-2　体育特色小镇的投融资模式流程图

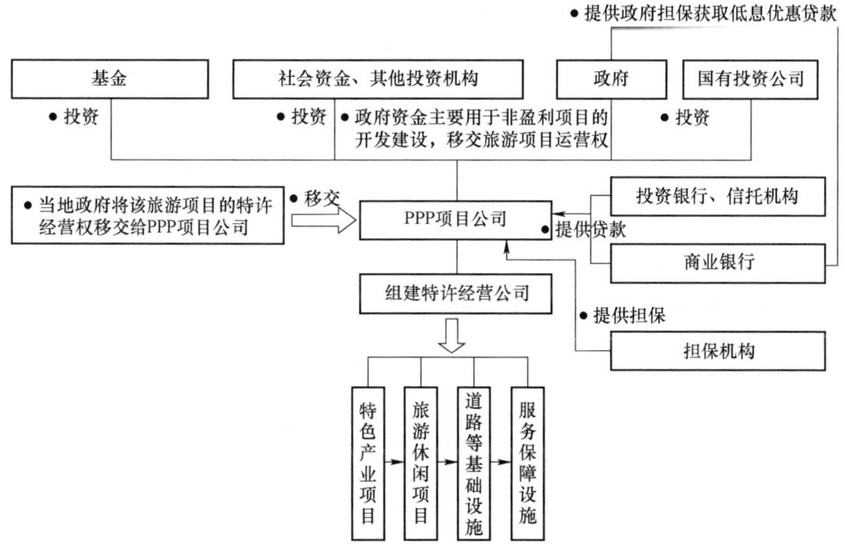

图 5-3-3　体育特色小镇的 PPP 模式

（四）特色小镇开发中的资源导入模式

全要素一体化导入模式，是一种高效的资源导入方式。这种导入模式主要是以产业为基础，通过对产业链中相关环节的资源整合，使其形成合力，最终实现产业化运作。要高效利用各种资源，打破原有的项目推进和开发时序，将后期导入前期，同时引入后期的建造、成熟的体育 IP、运营机构、管理团队、建造机构、投资机构等资源，从而将创建过程转化为一个推动项目落地的过程，如图 5-3-4 所示。

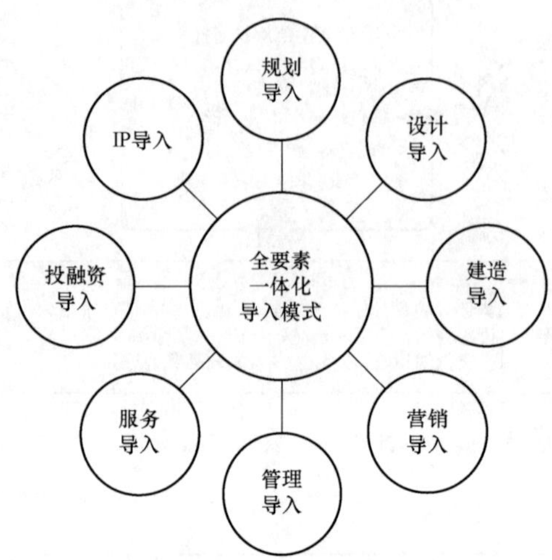

图 5-3-4　资源导入模式

结合项目落地、运营、投融资、营销概念的前期策划来设计方案，将成为后期工作的有力指导。后端在策划规划阶段，将相关成熟的体育 IP、运营机构、管理团队、建造机构、投资机构等，将相关的专家、投资商、服务商导入进来，最终形成落地性极强的方案。体育特色小镇结合建造导入模式与结合运营导入模式，如图 5-3-5 和图 5-3-6 所示。

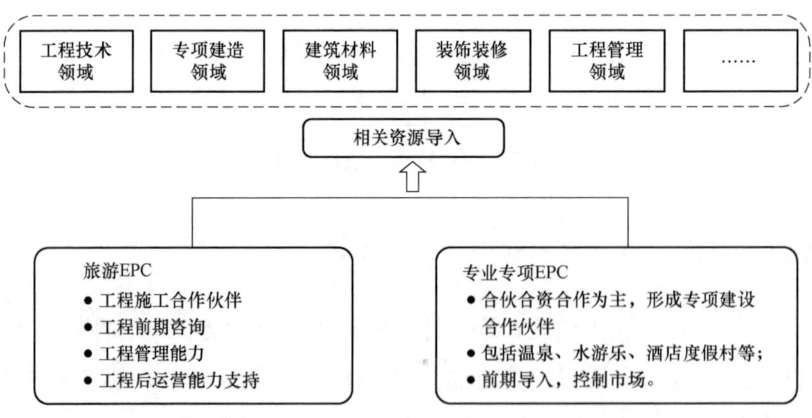

图 5-3-5　结合建造导入

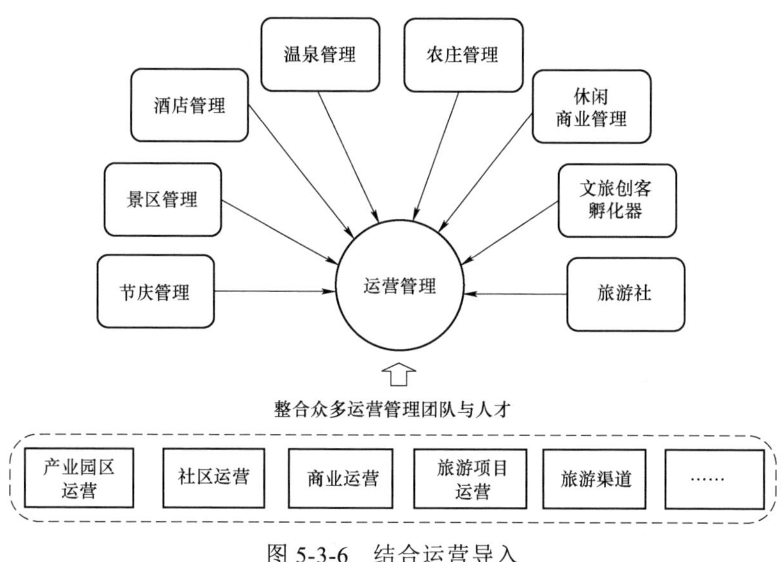

图 5-3-6　结合运营导入

以整合特色小镇下的投融资平台为基础，PPP 项目为抓手，创新体育 IP 导入为驱动，形成新型的体育投融资模式，推进体育特色小镇创新发展。体育特色小镇结合投融资导入模式，如图 5-3-7 所示。

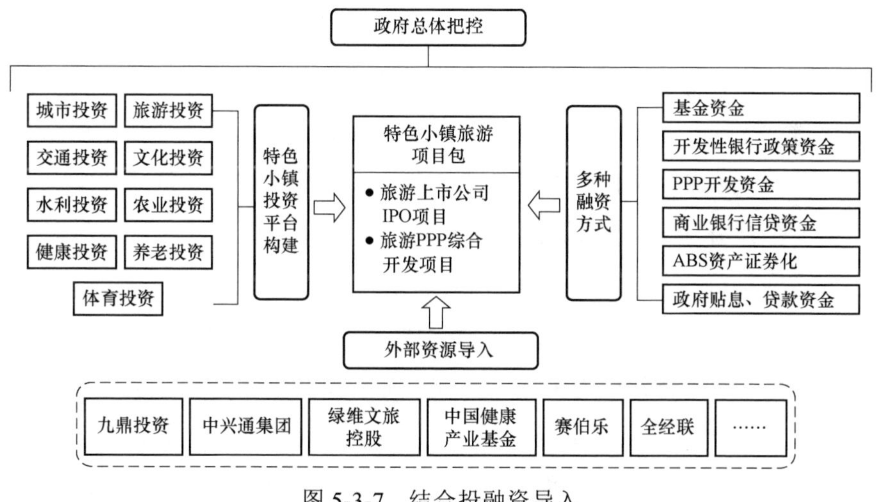

图 5-3-7　结合投融资导入

基于规划设计业务，以“体育项目规划设计、体育项目开发建设、体育项目投融资、体育项目运维管理”四大环节为核心，为体育全产业链整合提供专业咨询服务，致力于构建一个全程服务的集团企业，为体育产业的开发和运营提供全方位支持。另外，还要借助合伙人制度，导入合资公司模式，引进百家上下游合作机构的合作伙伴计划，我们可以获得大量可供引入的资源。借助互联网思维，在现有产业基础上，构建一个 O2O 体育产业开发平台，以促进体育产业的发展和推广。在此基础上，构建集互联网+大数据技术应用、智能终端应用和移动互联应用于一体的智慧体育服务平台——体育云。网络规划设计院、体育投融资数据库、体育 IP 数据库以及体育经理人频道等，将这些数据和资源转化成体育产业发展所必需的独特信息化要素，为打造多样化的体育特色小镇提供专业化、全面性的服务，提升体育特色小镇建设的动力。

第四节　体育特色小镇建设风险防控

一、做好体育特色小镇的规划与运营

（一）体育小镇的打造方向

以地理区位特征或地方体育产业特色为基础，构建单项体育活动项目的产业集群，打造产业生态链的体育类特色小镇，要将单项体育活动或赛事放在核心位置，形成多元化的体育生态系统。国外可以借鉴的例子比如新西兰皇后镇聚焦户外运动，而法国沙木尼体育旅游小镇则致力于推广滑雪特色运动，为游客提供更加丰富多彩的休闲体验。

在新城区建设中，通过创新一系列体育类项目和设施，推动小镇建设的发展。培育发展体育消费潜力大，具有一定规模和影响力的运动休闲小镇是未来城市经济转型升级的重要抓手。小镇不仅要融合体育产业，还拥有文化、旅游、养生等多种功能，从而实现了生态、环保、养生、宜人等多重属性。例如，北京丰台的足球小镇，以及位于浙江银湖的智慧体育产业基地等，都是小镇建设的典型。

参与特色小镇建设的体育类企业，凭借其丰富的资源优势，积极进行体育类主题的创新，致力于将体育和旅游等产业融合，集聚各方资源，组合多

样化的项目，以创新驱动的方式推动企业成长，从而实现体育小镇经济的可持续发展。目前，全国已有不少地方依托当地优势打造了一批具有鲜明地域文化特色和独特魅力的体育小镇，并取得明显成效。举例来说，河南嵩皇体育小镇以及浙江德清莫干山的“裸心”体育小镇等，皆是值得借鉴的地方。

（二）体育特色小镇的规划要点

规划是一项系统工程，涉及体育休闲接待、体育活动参与服务、体育场馆设施建设、体育项目的区域建设等多方面的内容。对相对发达的大城市而言，体育特色小镇的规划需要商榷的内容更多，考虑的问题要有针对性，不能千篇一律，要能够体现出“小而精、美而特”，体育特色小镇规划的蓝图属于跨界产业的融合，是未来拉动经济新增长的重要举措，因此合理规划，发展体育特色小镇，才是长久之计。

（三）体育小镇的运营发展战略

1. 重视招商引资，打造体育支柱产业

利用风景名胜的知名度，经济开发区、基础条件和优惠政策招商引资，吸引国内外知名的体育用品制造、运动车、船等设备制造与体育游艺娱乐用品设备制造以及体育服装鞋帽制造知名企业落户；或者扶持本地企业，鼓励中小体育企业通过联合、兼并和重组等形式，进行产权制度和经营机制改革，提高自身的竞争力和科技创新能力，逐渐创造出安徽自己的“品牌”，促进安徽体育产业的整体发展。

2. 科学规划，实现体育产业各区县均等化发展

研究表明，体育健身休闲活动场所的选址必须科学，当体育健身爱好者距离活动场所超过 20 分钟车程时，就会严重影响他们健身娱乐的积极性。这就要求体育产业管理部门通过成立体育产业研究机构，或与高校、科研单位合作，提高自身研究开发和技术服务的能力，对鞍山市各城区居民的体育需求进行科学调研和周密规划。充分发挥财政政策的杠杆作用，投融资政策的支持作用，利用专项建设基金、产业引导资金、彩票公益金等予以必要支持，吸引社会力量参与，促进政府与社会资本合作、公建民营、政府购买等

形式在健身休闲、体育培训与教育、体育场馆服务等领域的应用，形成利民、惠民且各城区均衡发展的良好格局。

3. **精准调控，定向发力**

在着力打造浙江体育用品及相关产品制造、体育场地设施建设类体育产业的同时，将发展体育服务业列为主要任务之一，加速形成门类齐全、结构合理的体育服务体系。以篮球、乒乓球、羽毛球等项目为切入点，以多年成功承办职业篮球联赛的经验和乒乓球、羽毛球等项目的发展优势为基础，重点培育健身休闲、竞赛表演、场馆服务等体育服务业。同时，政府可通过购买体育产品和服务的方式，引导和促进鞍山市体育传媒与信息服务产业的发展，为市民提供优质的体育健身、竞赛、管理、市场调查与体育经济等咨询服务，满足市民多样化的体育信息需求，提高全民健身运动的科学化水平。

（四）体育特色小镇的顶层设计

1. 体育特色小镇发展的三大方向——“体育+”、体验式消费、产城融合

（1）“体育+”将成为体育产业发展的关键

2014年，国务院46号文件的出台就已经确定了“促进体育产业与其他产业相互融合”的政策方向，明确提出：“推动体育与养老服务、文化创意和设计服务、教育培训等融合，促进体育旅游、体育传媒、体育会展、体育广告、体育影视等相关业态的发展”；2016年10月，国务院印发的《关于加快发展健身休闲产业的指导意见》，提出推动“体医结合”，发展运动医学和康复医学，促进健身休闲与文化、养老、教育、健康、农业、林业、水利、通用航空、交通运输等产业融合发展；2016年12月发布的《关于大力发展体育旅游的指导意见》进一步强调“加强体育旅游与文化、教育、健康、养老、农业、水利、林业、通用航空等产业的融合发展，培育一批复合型、特色化体育旅游产品”。

可见，未来，体育与文化、教育、旅游、健康、养老、地产、传媒、信息、金融、农业等产业的融合发展将进一步加深，融合后的“外溢效应”也将成为体育产业价值的增长空间。

（2）体验式消费将成为引领体育产业发展的新热点

挖掘与释放消费潜力，一直是经济新常态背景下国家着力要解决的问题。在《体育产业“十三五”规划》中，提出了我国体育消费方式在“十三五”时期，将从实物消费向参与型和观赏型消费的方向发展。另外，也有不少政策文件中也提到了要对具有消费引领性的休闲项目的发展予以支持，其中体育竞赛表演、户外运动、冰雪运动、特种运动等将成为发展的重中之重。《关于加快发展健身休闲产业的指导意见》提出，应重点发展冰雪运动项目、山地户外运动项目（如登山、攀岩、徒步、露营、拓展等）、水上健身休闲项目（如帆船、赛艇、皮划艇、摩托艇、潜水、滑水、漂流等）、汽车摩托车运动项目以及航空运动项目（如运动飞机、热气球、滑翔、飞机跳伞、轻小型无人驾驶航空器、航空模型等），以推动户外运动的发展。此外，《意见》从历史和人文的角度出发，提出了一系列独具特色的运动项目，其中包括时尚的电子竞技、击剑、马术、高尔夫等运动项目，以及民族民间健身休闲项目，如武术、龙舟和舞龙舞狮。

（3）产城融合将成为未来体育价值的重要着力点

在目前有关体育产业的各项政策中，体育产业发展与城市发展、与区域经济社会发展之间的引导措施已有显露，如《国务院关于加快发展体育产业促进体育消费的若干意见》提出“以体育设施为载体，打造城市体育服务综合体，推动体育与住宅、休闲、商业综合开发”；《国务院办公厅关于加快发展健身休闲产业的指导意见》提出“结合新型城镇化建设、社会主义新农村建设、精准扶贫等国家重大部署，以健身休闲重点运动项目和产业示范基地等为依托，发挥其辐射和带动效应，促进区域经济发展和民生改善”。未来，随着体育产业与其他产业的不断融合、深化发展，其在区域经济社会发展中的作用将会不断凸显。

2. 体育特色小镇的综合发展架构——消费引领下的产城一体化模式

为了开发体育特色小镇，必须将当地的体育消费激活，通过整合体育产业和其他产业，以吸引休闲化消费人群和就业人口的增长，并且将配套设施和服务不断完善，构建成以产城融合的综合开发结构和运营模式。

（1）消费引领

在我国经济工作中，推动消费和激发内需已经成为一项至关重要的战略任务。在“十三五”规划中提出了要推动体育强国建设和全民健身计划，这将进一步刺激体育消费需求的增长。居民消费方式在近几年不断发生变化，从基本消费和功能消费向健康消费和体验消费转变，体育产业作为以健康为本、高度参与性和体验性的产业，消费方式的转变为其带来了巨大的消费释放机遇，因此，其未来的发展方向应该转向供给侧结构性改革的消费模式。

体育产业的消费已经不再局限于传统的专业竞技赛事，已经转变成了与旅游、健康、养生、养老、亲子等多种消费业态相互融合的格局，形成了一个多元化的消费生态系统。体育是一种文化，更是一个产业。户外运动以冰雪运动、山地运动、水上运动、航空运动等为引领，而健康运动则以慢跑、太极、瑜伽等为引领，这些都是未来发展前景广阔的消费业态。参考国外的经验，运动休闲市场发展迅速，诸如山地户外运动、水上运动、冰雪运动、高尔夫运动等市场比例不断攀升。

体育消费在人群中扮演着引领整个家庭消费的角色，其中包括面向青少年的体育教育培训、面向中青年的体育休闲娱乐以及面向中老年的体育健康养生，这种符合不同人群需求的消费业态促进了体育消费可持续发展。

人们在体育上可以重复消费，人群消费的能力可以持续不断地被重复利用。随着人们生活水平提高和消费观念改变，体育消费会越来越多，成为居民日常消费品之一。此外，体育消费具有强烈的体验性和参与性，它能够吸引人们前来居住，并在夜间形成消费聚集现象。如此，体育特色小镇将呈现出一种消费业态结构，也就是白天的体育休闲运动，晚上转变成赛事表演以及其他休闲娱乐活动。

（2）产业聚集

在体育特色小镇的产业开发中，应将整合体育产业链放在重要位置，打造具有吸引力的“体育+”项目，包括赛事、体育休闲等，同时融合高科技元素，加强服务，让体育用品的供应效率不断提升，实现体育与制造业、科技、文化、传媒、旅游等领域的有机结合，形成以体育产业为核心，以体育旅游、体育影视等为特色，以体育产业服务为有效延伸的产业发展体系，这样就能显现“1+1＞2”的联动效应。

体育和旅游业都属于第三产业，二者具有天然的互补性，能够实现优势互补。对于旅游产业而言，将体育元素融入其中，旅游也就从传统的观赏性功能增加了体验性功能，还能够促进相关产业的发展，同时也有助于解决旅游淡季和重复消费的问题。而体育产业又可以借助旅游的力量，改变原本体育商业模式单一的缺陷，从而延伸体育消费产业链的范围。

（3）产城融合

产城融合就是依托城镇，促进产业与城市的深度融合，实现产业与城市的无缝衔接，从而推动产业的全面发展；通过以产业为支撑，促进常住人口的不断扩大，推动城镇更新和完善服务配套，进而，土地的价值也在一步步提升，实现产业、城市、人口和文化的一体化发展模式。城市的发展、更新和形象传播离不开体育产业这一重要的载体和媒介。

首先，随着体育产业的蓬勃发展，其所形成的产业聚集效应为就业人口带来了增长，大量人口聚集在一起，形成了常住的居民。将产业发展核心放在“体育休闲项目”上，借助旅游的途径，让大规模外来游客汇聚在这里，进而形成多元化的消费结构，包括食、住、行、游、购娱等领域，从而形成消费产业的集聚，进而构成城镇发展的产业结构，为就业和服务提供了大量人口。新聚集的人口与当地居民相互融合，必然重新整合城市居住、交通、金融和文化等方面的格局，提升了需求，从而推动了城市化结构的形成。

其次，体育特色小镇的可持续发展离不开完备的体育设施和周到的配套服务。城市基础设施和服务设施的更新因体育产业的蓬勃发展而得到极大的推动。同时，体育产业的繁荣也为当地居民提供了更多休闲娱乐时间，更新了基础设施和服务设施的建设，有利于构建和谐稳定的社会环境。北京和张家口的城市建设受益于北京奥运会和京张冬奥会的举办，这充分证明了体育产业在城市发展方面的推动力。

再次，参与体育锻炼是一种高品质的生活方式，是在经济宽裕后进行的一种消费行为，其根本目的在于促进健康。因此，随着体育产业的蓬勃发展，人们的生活品质将得到极大的提升，幸福感指数也将得到显著的提高。

最后，体育赛事一直都是民众关注的热点，体育赛事所具备的传播能力极为卓越。体育赛事不仅能带动相关产业发展和城市经济增长，而且也会影响城市形象建设。城市形象将因体育产业的蓬勃发展而得到推广和宣传。

根据上述内容，我们了解到体育特色小镇是一种以整合体育、旅游和其他相关产业为支撑的发展模式，它将大量就业人口和休闲化消费聚集在一起，以配套设施和服务的配置为基础，根据就业人口和旅游人口建设其大批的居住配套，大力发展管理、金融和运营行业，提高了人们的生活质量和幸福指数。

二、注重体育特色小镇与“乡村振兴战略”的协同发展

（一）乡村振兴战略

实施乡村振兴战略是党的十九大作出的重大决策部署，是决胜全面建成小康社会、全面建设社会主义现代化国家的重大历史任务，是新时代“三农”工作的总抓手，是解决人民日益增长的美好生活需要和不平衡不充分的发展之间的矛盾的必然要求，是实现“两个一百年”奋斗目标的必然要求，同时也是实现全体人民共同富裕的必然要求①。

1. 乡村振兴战略的提出

振兴与衰落相对立，乡村振兴战略针对的是乡村的衰落，乡村的衰落是与城市的兴盛相比较而言的，改革开放 40 多年的成果之一就是我国城市地区迅猛发展，一二线城市可以媲美西方发达国家，这一发展趋势拉大了我国城乡之间的差距，改变了我国社会结构。2.6 亿农民工进城，大量青壮年劳动力转向城市建设市场，诸多优秀人才选择在城市就业，城乡差距越来越大，这些变化使得乡村出现了空巢村、老人村、留守儿童村、贫困村等现象。

在此背景下，习近平总书记在党的十九大报告中首次提出乡村振兴战略，他把乡村振兴战略与科教兴国战略、人才强国战略、创新驱动发展战略、区域协调发展战略、可持续发展战略、军民融合发展战略并列为党和国家未来发展的“七大战略”，足见其对乡村振兴战略的高度重视。作为国家战略，

① 隋月英，孔亭. 形势与政策专题教程（2018 下）[M]. 徐州：中国矿业大学出版社，2018.

它是关系全局性、长远性、前瞻性的国家总布局，是国家发展的核心和关键问题。

这一战略的提出，关系到我国是否能从根本上解决城乡差别，乡村发展不平衡、不充分的问题，也关系到中国整体发展是否均衡，是否能实现城乡统筹的可持续发展的问题。

2. 实施乡村振兴战略的重大意义

（1）乡村振兴战略是新时代“三农”工作的总抓手

农业农村农民问题，是关系到国计民生的一项根本性课题。解决好“三农”问题是实现全面小康社会目标的重要基础和保证。国家的现代化离不开农业农村的现代化，实现乡村振兴战略，必须加快推进城乡融合发展。但是我们也要看到，我国农村的发展面临着严重的不平衡和不充分问题，其中最突出的表现是农产品的阶段性供过于求和供给不足并存，而农业供给的质量也并不高。在农村地区，基础设施和民生领域的欠账问题十分突出，农村环境和生态问题也有待提高，因此，我们迫切需要提升整个乡村的发展水平；当前我国农民收入增长缓慢，城乡差距持续拉大。由于农民在适应生产力发展和市场竞争方面的能力不足，我们迫切需要加强新型职业农民队伍的建设；城乡二元结构矛盾仍然比较尖锐，城乡居民收入差距扩大趋势尚未得到有效遏制；在农村基层党建中，存在着一些薄弱的环节，需要加强乡村治理体系和治理能力。

为解决当前我国农业不发达、农村不兴旺、农民不富裕的“三农”问题，我们必须实施乡村振兴战略，从根本上推进农村振兴进程。在全面实现小康的过程中，必须始终将解决“三农”问题作为全党工作的首要任务，因为在工业化、城镇化、信息化和农业现代化同步发展的过程中，农村现代化这一短板尚未得到填补。习近平总书记指出：“没有农业现代化，没有农村繁荣富强，没有农民安居乐业，国家现代化是不完整、不全面、不牢固的。”

我们党在农业农村发展理论和实践上迈出了重要的一步，即实施乡村振兴战略。将“三农”问题的解决置于重构乡村振兴战略目标任务的高度，从而拓宽了我国“三农”问题的发展思路，为新时代“三农”提供了明确的工作方向，同时也促进了全面激发农村发展活力、解决新时代“三农”问题，因此，乡村振兴战略是新时代“三农”工作的核心抓手。

（2）乡村振兴战略是决胜全面建成小康社会的重大历史任务

乡村振兴战略在党的十九大报告中被确立为一项重大战略，以适应我国当前社会发展的实际需求，符合全面实现小康、迈向社会主义现代化强国的需要，同时也是中国特色社会主义进入新时代的客观要求。

乡村不发展，中国就不可能真正发展；乡村社会不实现小康，中国社会就不可能全面实现小康；广大农村居民不能过上小康生活，中国就不能全面建成小康社会。所以，乡村振兴战略对我国全面建成小康社会，实现中华民族伟大复兴的中国梦有着重要的意义。

（3）乡村振兴战略是解决我国城乡发展不平衡、不充分的必然要求

随着改革开放不断推进，我国经济得到高速发展，城市化进程也在加快，城乡之间的发展不平衡和农村内部的发展不平衡已成为我国城乡分化的最大问题，尤其是“三农”发展的不足，包括农业现代化、社会主义新农村建设、农民群体提高教科文卫发展水平以及共享现代社会发展成果等方面的不足。

习近平总书记指出：“任何时候都不能忽视农业、不能忘记农民、不能淡漠农村”“中国要强，农业必须强；中国要美，农村必须美；中国要富，农民必须富。”提出实施乡村振兴战略是顺势而为，适逢其时。乡村振兴战略建立在深刻认识我国城乡关系变化趋势、总结国内外城乡发展规律、学习借鉴其他国家实现农业农村现代化正反两方面经验教训的基础上解决我国城乡发展不平衡、不充分的战略选择。

（二）乡村振兴与体育事业结合发展

政府是文化建设发展的掌舵人，同时也是推动我国体育文化的保护者。乡村农业农民问题是影响国民生计的根本性问题，乡村振兴战略的实施，应将“三农”问题视为开展乡村振兴发展的核心内容。坚持乡村农业发展，是完善农村经济建设的基本条件，同时也是巩固农村土地承包关系的根基，在第二轮土地承包后，延长三十年。乡村振兴战略也代表着提升国家食品安全的关键，深入贯彻农村基础工作的指导方针，是打造“三农”工作队伍的方

向标。为实现乡村振兴战略发展，应在提升民生问题的同时，还要结合受益面、参与度角度，解决农民就业问题，对此提出了乡村旅游与体育融合发展的建议，使得乡村群众能够安居乐业，增加就业收入。

党的十九大报告中强调：乡村振兴战略是推进我国建设富强、民主、文明、和谐、美丽社会主义现代化强国的基本内容。而体育文化是沟通文化建设与民众生产生活之间的桥梁与纽带，同时也是反映当地人民幸福生活的现实写照。因此，体育是开发乡村旅游建设的重要依托点，落实乡村体育文化开展工作，推动体育生态文化村、体育文化博物馆、体育特色小镇等组织建设与文化宣传工作。以乡村旅游与体育相结合的方式，通过公共参与、决策与政策的执行和监督，全面提升乡村文化经济发展的能动性，进而同时推动体育文化的开发、创新与保护。

为了推动乡村振兴的发展，以体育作为突破口，我们需要从农民最迫切、最关心的问题入手，改善基础体育设施，以促进体育事业的发展。在党的十九大提出的重要决策中，乡村振兴战略是一项十分迫切且重要的战略决策，而实现乡村振兴，农村体育事业的发展不可忽视。在实施乡村振兴战略的过程中，提升农民的综合素质是重中之重，因为农民是战略建设的主体，而为了提升农民综合素质，积极推进农民体育健身事业的发展是不可忽视的重要一环。当前，在国家大力推进“大众创业万众创新”，推动农村经济转型升级过程中，大力发展农民体育健身事业显得尤为必要与迫切。推动农民体育健身事业的发展，在农村普及健身知识和方法，以培养技术精通、经营有方、体魄强健的新型职业农民为目标。发展农民体育，开展全民健身运动，能够促进社会主义新农村建设，要广泛实施健身指导和体质监测，可有效提升农民身体素质，提高整体健康水平。要不断促进农民体育赛事和健身活动的多样化发展，提升农民的健身意识，塑造健康文明的生活方式，在全社会形成良好的社会风尚。

为了实现《指导意见》中提出的目标和任务，农业部将进一步加强对农民体育工作的组织和领导；促进农民体育事业与“三农”事业的有机融合，以推动两者共同发展为目标；为了达到农民群众身边的健身活动向着多样化发展，政府计划在未来 3 到 5 年内推出一系列具有“三农”特色的农民体育健身赛事活动，这些活动将涵盖农业行业和不同地域，同时还将积极创新农民体育赛事组织机制，打造一批以“农”字号为特色的体育品牌赛事活动，以进一步丰富和提升农村文化建设的内涵；发挥好政府主导作用，加强对农民体育工作领导，建立起长效投入保障机制，加大资金投入力度，提高经费使用效益。展现农民体育工作的典型示范引领，以此为抓手，致力于提供优质的公共体育健身服务，以满足农民群众对健康生活的需求。

（三）体育特色小镇助力乡村振兴

1. 体育特色小镇建设在乡村振兴中的重要意义与作用

乡村振兴战略实施，建设体育特色小镇是重要的举措，因为小镇为乡村振兴的实现提供了全新的发展平台。在此背景下，以体育产业为主线，需要分析和探讨如何构建体育特色小镇的路径。(1) 产业兴旺。以体育特色小镇建设的独特要求为基础，将体育特色产业有机地融合，使得当地相关产业的发展被带动起来，形成完整的产业链，提升产业的价值和影响力；(2) 生态宜居。体育特色小镇无疑属于环保绿色的产业，在实现生态宜居的目标方面表现出色，其建设对生态环境的影响微乎其微，符合绿色发展理念，维护了生态系统的平衡发展；(3) 乡风文明。借助体育产业与旅游行业的结合产生巨大经济效益，拉动地区经济增长。体育特色小镇所带来的体育旅游业发展，游客数量不断增加，引入了先进的文化理念，对当地的文化素养提升具有促进的作用，从而促进了乡风的蓬勃发展；(4) 治理有效。发展体育特色小镇也加强了管理制度和组织制度的优化，提高了人们对公平公正的认识，从而为实现治理有效的目标提供了有力支持；(5) 生活富裕。建设体育特色小镇促进人们对体育锻炼的认识和参与度的提高，居民工作效率提高，医疗支出也相对减少，提升生活幸福感，助力实现生活富裕的宏伟目标。

2. 乡村振兴战略背景下的体育特色小镇发展模式

(1) 注重与当地产业相互配合

在特色小镇的发展过程中，为了让产业与产业重新整合优化，可以举办各种庆典活动，如会展、园林采摘和乡村旅行等，从而推动当地经济的发展。以农村小镇为例，其所依托的城市旅游资源丰富，活动也呈现多样化，并且小镇自己的优势也十分显著，该地区农业基础雄厚，毗邻中国科学技术大学，可以利用高校资源，比如雄厚的科研力量和良好的产业基础，同时，当地可以提供采摘和观赏各类蔬菜、水果、鲜花等活动，这些都是极具吸引力的点，当地的居民具有良好的生活环境和传统文化习俗，这些优势为发展休闲观光型的体育产业提供了有利的条件。在推进体育特色小镇的发展过程中，我们可以充分利用上述资源，整合旅游资源，通过产业间的协同重组，从而构建全新的体育旅游产业。

在推进体育特色小镇的建设过程中，必须妥善处理当地主题建设与传统文化的融合问题，充分挖掘当地的传统文化资源，保持地域的文化特色，使传统文化重新焕发光彩，将这些传统文化有机地融入体育文化之中，使其成为该小镇的独特魅力。将当地的美食文化与旅游产业有机融合，同时结合现代农业技术发展的生态园与旅游产业，构建起品农家菜、玩农家游戏、住农家房子、采摘蔬菜水果等旅游产业的完整链条，致力于打造一个集产业融合发展和美丽体育特色于一体的小镇。

（2）运用现代技术进行管理

根据现代技术和管理的创新，通过旅游业和其他行业的价值链，与各行业相关的生产活动之间的渗透而合并为一种相对较新的旅游产品和旅游项目，如图 5-4-1 所示。

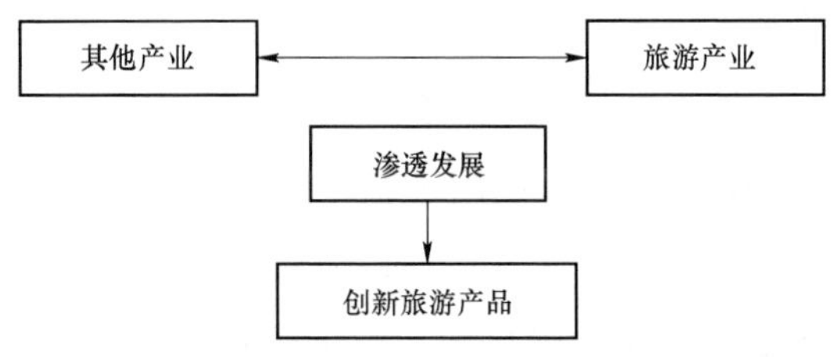

图 5-4-1 产业活动渗透发展

产业活动渗透发展可将两个不同的产业，且是高附加值产业的生产活动融合，以促进价值链的优化。在此过程中，通过对各产业链环节进行优化配置，提升整体价值增值能力，从而促进旅游业发展。浙江省可以在景点中将现代科技融入其中，比较典型的高附加值的产业如茶叶采摘园、宣纸、宣笔、徽墨制造厂和农谷建设等，同时还可以将展示形式不断创新，以提升游客的体验感和参与度。通过充分利用该地区得天独厚的自然条件，开展多样化的旅游项目。可以借助此模式，将其创建为体育特色小镇的独特项目之一，以提升游客对当地文化的感受和体验。

（3）充分挖掘体育特色小镇的内涵，打造具有当地优势的体育小镇

乡村振兴的目标达成，必须将体育特色小镇的发展转化为实际行动。对于体育特色小镇的内涵，管理组织者需要进行深入的分析和探索，并结合当地的区位、资源、政策、文化等优势，因地制宜地进行规划建设，及时纠正以往建设过程中出现的弊端，在开发过程中，要提前考察当地的实际情况，根据实际情况对当地的产业、人文、生态基础等进行全面权衡，最终制订出具有前瞻性和可操作性的规划。为了促进体育特色小镇的发展，组织管理部门要在政策和资金上予以支持，这样发展的路径和方向也有了依据，以科学的方式进行指导；为了推动体育特色小镇的发展，当地政府部门将加大宣传力度，吸引更多民众积极参与，共同谋划未来，利用政策优势引进人才，让各地优秀人才加入到体育特色小镇的建设中，建立具有竞争力和可持续发展力的体育小镇

（4）结合乡村振兴的具体目标，制订特定的体育特色小镇发展规划

① 结合农业的发展需求，促进产业振兴

促进产业繁荣是乡村振兴的重要一环。体育特色小镇作为一种新型城镇化建设模式，能够有效地促进产业的发展问题。在建设的过程中，农业的发展有了新要求，必须坚持以高品质的农业为基础，推进绿色农业的发展，促进产业的深度融合，提高农产品的附加值，使得产业链不断增长。为了促进乡村产业的繁荣，体育特色小镇的发展必须与之紧密结合，形成广泛的辐射圈效应，使得整个乡村产业发展起来。由于体育特色小镇的建设更加绿色、可持续，对生态的破坏甚至可以忽略不计，比一些传统的产业更能适合绿色发展战略的实施，因此，体育特色小镇的发展为当地农业提供了一个健康、环保、有益的环境，农业的繁荣发展有了环境上的基础。体育产业的发展，借助广泛的宣传推广、体育旅游的发展、体育赛事的承办以及体育培训等手段，吸引了来自外地的人才到小镇中就业安家，无形中带动了当地餐饮业、通讯业、交通业等领域的发展，农产品的需求也在不断增加，农产品也有了

更多的销售渠道，降低了销售的成本，自然也就提高了农产品的经济效益，最终，促进了当地一、二、三产业的融合发展。

② 结合生态宜居的目标，促进生态振兴

乡村振兴的关键在于实现人与自然的和谐统一发展，这需要我们对自然的尊重和爱护，以确保生态宜居的实现。随着我国经济水平的不断提升，人们生活质量得到了很大改善，积极推进绿色环保产业的发展，促进乡村生态环境的改善，是现阶段产业发展的新的要求。为此，要将体育特色小镇的发展与生态宜居目标紧密结合，构建一套有利于生态宜居的发展模式，从而推动乡村生态的改善。随着特色小镇的蓬勃发展，对其生态环境的要求也日益提高。所以，在乡村振兴战略下，体育特色小镇的可持续发展必须建立在一个环保、健康、和谐的生态环境基础之上，这为乡村振兴的生态宜居奠定了坚实的基础，政府才有更多的支持，吸引大量的各地人才，也吸引大量的游客前来消费，带动经济发展。在体育特色小镇的发展规划中，必须以生态宜居为导向，制定相应的发展策略，来推动乡村生态环境的改善和提升

③ 结合乡风文明的目标，促进文化振兴

乡村振兴的重要保障在于乡风文明的建设，建设文明的现代化乡村，就必须剔除农村文化的落后，推动社会主义新农村文化的繁荣发展，而体育产业与体育特色小镇相结合能够有效推动乡风文明建设进程。在推进的过程中，必须拟定具体措施，以促进乡风文明建设的蓬勃发展。一是加强对农民群众进行体育文化素质教育，提升他们的体育素质和健身意识，在推广全民健身和健康中国政策的同时，必须让群众深刻认识到体育运动的重要性，并加强公众对体育锻炼的认知。在发展体育特色小镇的过程中，我们可以吸引更多的民众自觉参与到体育健身运动中，利用各种活动吸引民众提高集体活动的时间，这样也就占据了农村民众业余打牌等不良生活习惯的时间，从而提高农村思想道德建设水平，改善乡风文明。此外，借助体育特色小镇的发展，进行文化和产业的融合，挖掘农村的优秀传统文化元素，将其融入小镇的建设中，从而推动乡村文化的振兴。

体育特色小镇的建设不仅拥有实现产业转型的推动力，而且有助于文化的再造，可以说，是国家为解决农村问题而探索的全新发展路径。体育特色

小镇的建设离不开自然资源的支持，通过产业关联和产业技术创新，不断推动其发展，小镇在这样的政策和产业的推动下，建设更加顺利。新时期，产生了一种全新的旅游新理念，全新旅游的思路为旅游业的转型和升级提供了一条全新的途径，不断将旅游产业与其他产业融合在一起，就会不断开发出新的旅游项目，旅游体验不断升级，旅游产业也在不断优化升级。

三、以绿色发展理念促进小镇的可持续发展

（一）绿色发展理念与可持续性发展

1. 牢固树立绿色发展理念

理念是思想理论的“头”，是规律性认识的凝练与升华，绿色是生命的象征、大自然的底色。绿色发展理念是马克思主义生态文明理论同我国经济社会发展实际相结合的创新理念，是新阶段我国经济社会发展规律的重大理念。在我国经济得到快速提升的同时，资源的承载力也到了极限。面对日趋强化的资源环境约束，浙江省要增强危机意识，树立绿色、低碳发展理念，以节能减排为重点，健全激励与约束机制，加快构建资源节约、环境友好的生产方式和消费模式，增强可持续发展能力，提高生态文明水平。

资源环境是富国之本，未来，绿色低碳循环发展是科技革命和产业变革的方向，是最具有前途的发展领域；节能环保产业是新兴产业，还被有关专家认为是继“知识产业”之后的第五产业，浙江在这方面潜力巨大，可以形成很多新的经济增长点。

“绿色发展”的概念早在2002年的时候被联合国正式提出，近几年，随着经济的蓬勃发展和人类社会的不断进步，这一概念已经从经济学术语转变为人类社会发展的根本共识。绿色经济作为一种新的发展理念和发展方式，在西方国家得到了快速的普及与推广，并取得了良好的成效。自2008年，国际上掀起了金融危机，之后绿色经济和绿色发展迅速兴起，这一现象深刻地反映了其生态、经济和社会历史的背景。全球范围内的“黑色危机”日益加剧，其根源在于对工业文明粗放式的发展道路与模式所带来的负面外部效应的回应，这种危机已经达到了历史的顶峰。其次，在后危机时代，工业文

明正面临着新的历史性挑战——以生态环境恶化为主要标志的全球性生态灾难正在加速推进，世界各国都不得不面对这一严峻现实。“物极必反”是工业文明黑色发展道路和模式的历史命运。在这样一个背景下，“绿色发展”的理念是应对这种负面效应有利的一个概念。它是一场深刻的变革，它涉及方方面面，不管是生产方式、生活方式，还是人们的思维方式和价值观念等，旨在解决人类与自然之间的和谐问题，推动社会形成人人节约资源、保护环境的良好风尚，引领企业家积极采取绿色生产方式，摒弃传统的落后的、不合时宜的工业化、现代化模式。

绿色发展作为一种新发展观、新思维方式和新战略布局，在我国具有深厚而广泛的理论基础和现实需求。关于绿色发展的核心，其实是既能够实现绿色，又能够继续发展的理念，也就是实现“绿色与发展”的完美融合，以达到双赢的目标。之所以提出了绿色发展的战略目标，其实是我国的经济增长与资源、环境、生态之间产生的矛盾，但是需要注意的是，经济增长并没有问题，而是要转换增长的方式，寻求可持续发展的方式。绿色发展的实现离不开对可持续发展的不断探索和实践，因为发展是绿色发展不可或缺的前提条件。绿色发展不是对传统发展观的颠覆和超越，而是一种全新的理念，它是一种可持续发展模式。全球经济发展不同水平的国家，都要实现经济的可持续健康发展，必须注重资源、环境和生态的可持续性。尽管各国所面对的主要难题各不相同，然而绿色发展应成为共同的主题，因为绿色经济可以为人们构筑一个美好的未来。中共中央、国务院发布的《关于加快推进生态文明建设的意见》明确指出：“在环境保护与发展中，把保护放在优先位置，在发展中保护、在保护中发展。”

我国已经进入了以生态环保优化经济增长的新阶段。把有限的资源总量、环境容量配置到最需要发展的区域和行业，需要把节能减排与调整产业结构、污染防治与企业节约增效、发展生态环保产业与扩大内需、抢占未来发展制高点与稳定外需结合起来，制定重点产业调整振兴规划，加快传统资源型产业的升级和转型，大力发展节能环保、新能源、新型服务业等产业发展，培育新的经济增长点，加快淘汰落后、低效产能，大力推进节能减排，使经济发展建立在节约能源资源和保护环境的基础上，不断提高经济增长的质量和效益。

科技进步引发的环境问题要靠科技进步来解决。绿色技术是提高资源利用率、解决环境污染的根本手段，是实现绿色发展的重要途径。利用绿色技术，才能不断解决人类面临的资源和能源日益短缺的问题，才能预防、控制和有效地治理环境污染。把科技创新放在突出位置，加快实施水体污染控制与治理、区域性大气污染综合防治等重大科技专项，开发和建立绿色技术，为生态环保提供技术支撑。有了绿色制造，才能制造绿色。加大生态环保技术装备研发力度，努力提升国产化水平，不断降低治理成本。坚持以高科技为依托，以信息化带动工业化，发展生态化工业、农业和服务业，使生态化产业成为新的经济增长点。广泛开展国际合作，积极引进国外先进技术和管理经验。

2. 可持续发展的概念

可持续发展的概念正式提出是在世界环境与发展委员会 1987 年报告中，是指在不损害后代人满足其需求能力的前提下，实现对现代人需求的全面满足。可持续发展观要求人类在追求自身利益最大化时不能破坏自然环境。可持续发展的目标被划分为三个维度，即经济、社会和环境，这三个维度相互依存、相互促进，形成了一个有机的整体。实现可持续发展的目标在于将高品质的生活、健康和繁荣的平等目标与社会公平正义相融合，同时确保地球对其生物多样性的支撑具有足够的能力，以确保人与自然和谐共存。未来经济的发展、环境的保护和社会进步，需要可持续发展的理念作保障。

在 2015 年 9 月 25 日，193 个联合国成员国领导人在联合国首脑会议上通过了覆盖 17 项可持续发展目标，也就是 2030 年可持续发展议程——SDGS，这个议程将其目标放在到 2030 年之前，以综合的方式完全解决社会、经济与环境三个维度上的发展问题并走向可持续发展道路。针对 SDGS 提出的可持续发展目标，针对 2030 年全球可持续发展的愿景和优先事项得以明确。

（二）以绿色发展理念促进小镇的可持续发展

1. 绿色发展理念与体育特色小镇

最初是在浙江省最早提出的“特色小镇”的概念的，是以创新、协调、绿色、开放、共享的新发展理念为指导，结合自身特点，明确产业定位，开展科学规划，做到挖掘产业特色、人文底蕴和生态禀赋的目的，形成了明确的产业定位、文化内涵、旅游特色和社区功能，形成了一个有机结合的“产、城、人、文”四位一体重要功能平台。

在党的第十八届中央委员会第五次全体会议上，习近平总书记提出了一个重要的指示，即将绿色发展作为一个关系到我国全局发展的重要理念，旨在让国民能够生活在更加舒适、绿色、宜居的环境中。如何实现经济与生态环境和谐共生是当前社会广泛关注的问题。在 2017 年 12 月，国家发展改革委、自然资源部、生态环境部、住房和城乡建设部四个部委联合发布的《关于规范推进特色小镇和特色小镇建设的若干意见》中，强调了实现生产、生活和生态“三生融合”的有效推进，并严格遵守生态保护的红线。

在浙江省，绿色和生态是一项巨大的财富，为当地发展带来了无限的生机和活力。在浙江省实现可持续发展和全面小康的过程中，绿色发展是至关重要的一环，只有坚定不移地走绿色生态之路，才能建设一个充满幸福和美丽的浙江。我们应当倍加珍惜绿色资源，不遗余力地提升人民对文化的自信心。绿色发展是新时代下我国社会发展的重要战略之一。创建绿色特色小镇，塑造小镇品牌文化，从而促进浙江省生态保护与示范区的建设进程。绿色发展观作为一种全新的社会发展理念，对推进特色小镇建设具有重要作用，在建设中，绿色发展被视为一项根本原则，因为它不仅能够让居民感受到青山绿水和新鲜空气，还能够吸引资本和技术，促进经济发展，增加就业机会，缩小城乡之间的贫富差距。因此，以绿色发展观为指导思想，对特色小镇进行深入研究，对于理论和实践都具有重要意义。

2. 可持续发展与体育特色小镇

随着我国城镇的快速发展，环境和社会问题日益凸显，如果继续传统的粗放型发展方式，必然引发发展失衡等各种矛盾，因此，在新时期，我们必须选择可持续发展的方式。尽管特色小镇在不同的产业定位和发展阶段呈现出不同的发展模式，但它们都必须遵循可持续发展的内涵，以确保其作为新型发展模式的可持续性。

以产业为发展的关键点，是特色小镇的可持续发展要遵循的，从而实现经济、社会和环境的可持续发展。特色小镇的发展应与区域经济和产业结构相匹配，并通过合理规划布局来促进其快速、健康地发展。要明确其发展方向，做好定位，要规划出成熟的主导产业或发展主导产业的资源优势，以推动其可持续发展。特色小镇的可持续发展必须建立在特色产业的可持续发展基础之上，只有这样才能确保未来的繁荣和可持续性。为了促进特色产业的发展，必须深入挖掘当地独特的资源和优势，提升产业的竞争实力，让产业做大做强。

特色小镇的可持续发展需要以创新为引领，不断探索新的发展路径和方法。特色小镇在推动经济增长的同时，还能促进产业结构优化升级和城乡一体化发展，提升区域竞争力。特色小镇并非一般的产业园区或行政范围上的乡镇，而是新型城镇化建设过程中创新性的产物，其发展离不开创新的动力。特色小镇的核心竞争力在于其创新能力和运营管理水平的提升，而这一能力的培育则需要从“产”到“城”再到“人”进行全方位的规划布局。特色小镇作为新兴的发展平台，应当聚焦于高端要素，如新技术、新业态、新商业模式以及创新创业人才等，将这些要素集聚起来，以实现产业链和创新链的有机融合，从而形成一个独具特色的产业集群。特色产业的可持续发展离不开产业创新，而完善特色小镇的配套服务功能则需要运营管理创新的支持，同时，制度创新也是推动特色小镇创新创业发展的重要力量。

特色小镇的可持续发展必须建立在文化的基础之上，只有这样才能确保其未来的繁荣和可持续性。文化对产业具有引导作用，在文化产业集聚区建设中需要融入丰富多样的文化元素，形成独具特色的文化产业集群。特色小镇不仅仅是一个产业发展的平台，更是一个承载着文化传承和生活功能的综合性场所。将特色产业，特别是传统经典产业和休闲旅游业的发展，融入独特的产业文化中，不断挖掘特色小镇的历史人文内涵，以文化魅力提升特色产业的竞争力。对于小镇的新兴产业，如高端制造业，也应注入科技人文品质的内涵，融合产业和文化。文化不仅促进产业发展，也可以将人才的凝聚力增强，成为实现特色小镇可持续发展的内生性支撑。

特色小镇可持续发展，应该以绿色理念为指导。特色小镇的规划要从“人—地”系统出发，坚持以人为本、因地制宜和可持续发展原则，其发展目标要综合考虑生产、生活和生态等多个方面的功能，以实现多维目标的发展。绿色发展和绿色生活的理念要渗透进特色产业的定位选择、小镇居民的生活方式等方面。实现特色小镇可持续发展的有效途径在于积极推进绿色产业的发展，倡导绿色生活的理念，以及加强生态环境建设的力度。

（三）特色小镇可持续发展动力因素分析

特色小镇融合了多种发展要素，包括产业经济、社会文化和生态环境等，这些要素相互交织、相互影响，形成了一个具有多维发展目标的动态复合系统，涵盖了生产、生态和生活等多个方面。特色小镇的可持续发展需要从产业经济、社会文化和生态环境三个维度进行动力因素分析，以实现其多元化的发展目标。

1. 产业经济与可持续发展

特色小镇的发展离不开产业经济的推动，可以说特色产业是其核心所在。特色小镇的生命力在于其特色主导产业的可持续发展能力，因此，将各类资源整合起来，因地制宜地发展绿色低碳产业，才能实现特色小镇可持续发展。目前我国各地特色小镇建设中普遍缺乏主导产业支撑，导致其竞争力较弱，难以形成规模效益，因此有必要通过培育主导产业来带动特色小镇整体水平提升。从产业经济学角度研究特色小镇主导产业的可持续性问题具有重要意义。根据波特的钻石模型，特色小镇主导产业的可持续发展受到多种因素的影响，包括生产要素、市场需求环境、特色产业集聚程度和竞争程度以及关联产业，这些因素之间相互作用，而政府因素则扮演着调控特色主导产业发展的重要角色。

推动特色小镇主导产业的可持续发展的基础是各种生产要素，其中，初级生产要素包括丰富的原材料、充足的劳动力和一定的资本等，而高级生产要素则包括便利完善的交通基础设施和发达的信息化建设水平，这些高级要素的组合可以促进产业经济子系统内外物质和信息的流动，而技术创新能力是推动特色产业可持续发展的原动力。

在某一特定的地理区域内，顾客群体对某种商品或服务的支付意愿和支付能力的数量，在某一个时段内，这就形成了市场需求，也可以说消费者的需求的总和就是市场需求。特色产品的市场需求与一般市场上同类商品的市场需求有所不同，它具有独特性、差异性、稳定性和不可替代性等特征。特色产业的可持续发展需要依赖于特色产品的市场需求。市场需求的主要构成要素在于消费者的购买欲望和购买能力，而这种需求则受到消费偏好、产品价格以及收入水平等多种因素的综合影响。

特色小镇主导产业的可持续发展将受到多方影响，更受制于相关产业的现状和潜力，高集聚程度的同类型企业和关联企业将有助于形成规模优势，从而实现低成本的企业间交流合作，促进技术和管理方面的进步，实现优势互补。另一个影响特色小镇产业可持续发展的因素是主导产业不同规模的企业所占比例和竞争激烈程度。企业的体量有差异，发展的侧重点也就不同，这样才能形成一个充分的市场竞争环境，促进特色产业的可持续发展。

特色小镇的发展受到政府因素的影响，其中包括相关法律法规、产业政策等制度，以及所在地政府管理效率和服务水平的影响。特色产业的可持续发展受到政府因素的双重影响，其中行政管理制度和规划条件可能成为其发展的制约或者约束性的因素，而奖励政策等则是其重要的保障力量。

2. 社会文化与可持续发展

特色小镇的发展受到社会文化环境的内在推动和制约，如果当地的社会文化环境良好，可以促进特色小镇的发展协调，形成持续发展，但是如果当地的社会文化环境落后，可能会引发各种矛盾，限制发展的持续性。特色小镇的可持续发展目标不仅在于推动特色产业的生产发展，更在于打造一个配套功能完备、宜居宜业的生活区。

为了打造一个独具特色的小镇，我们必须不遗余力地提升小镇的生活功能，同时配备完善的教育、医疗等生活设施，以满足居民的各种需求。这些配套设施是特色小镇实现“宜居”目标所必需的物质环境保障。同时，特色小镇的社会文化发展速度和质量将受到公共生活设施数量和质量的影响，其中包括学校、医院和图书馆等。在特色小镇建设中，高品质的中小学校应当具备足够的容纳当地学生人数的能力，满足入学需求的同时也能够吸引更多的人才前来发展、定居。为了提升小镇居民的文化素养，营造全民学习的良好氛围，包括但不限于图书馆和博物馆等的建设也要放在规划中。因为，只有当人口素质提高了，才能提高整个特色小镇的发展和生产效率。提供全面的医疗设施，不仅可以确保小镇居民的健康安全，还能为周边乡村居民提供医疗服务，将特色小镇作为城乡一体化桥梁的重要作用发挥出来，促进形成就地城镇化。

特色小镇的独特之处不仅在于其产业特色，小镇的“特色”体现在方方面面，比如建筑形态的独特性、历史文化的传承以及传统文化的魅力，这些都是特色小镇应该追求的目标特色。在特色小镇中，人们往往将注意力集中于特定空间环境下的物质景观和非物质景观上。特色小镇所蕴含的历史文化遗产，不仅是一种极具吸引力的旅游资源，更是一种象征着文化精神的内在凝聚力。因此在特色小镇开发过程中需要考虑当地风俗民情等因素，以体现出独特的地域特征和文化底蕴。当地居民的思想、性格以及对新事物的接受程度，可以从其民风民俗状态中得到反映，这些思想、性格等可以作为居民参与特色小镇建设的主观能动性的影响因素，同时特色的民风民俗也能够为小镇的旅游发展丰富其内涵。

3. 生态环境与可持续发展

特色小镇的发展受到生态环境的制约。如果小镇的环境承载力较低，必然会让小镇的发展受到限制，使得土地供应、水资源和大气环境等因素约束小镇的可持续发展。特色小镇的建设规模扩大受到土地资源的限制，而生产生活过程中，水资源和大气资源如果承载力较低，则限制了小镇污染物的排放。为了达到特色小镇的可持续发展目标，必须先要维护生态环境，合理利用土地资源，对污染物的科学处理以及对排放严格控制。

国家在“十三五”期间，大力推动小城镇建设，鼓励地方积极探索小城镇绿色发展的路径，还出台了相应的《绿色小城镇评价标准》，作为建设依据和准则。鼓励政府、商界、群众共同建设以绿色发展理念为核心的可持续发展的特色小镇，真正实现特色小镇的建设目标，探索一种可持续的人类聚居模式，构筑我国绿色生态社区示范小镇。

建设一个绿色可持续发展的特色小镇。每个小镇都有优秀的产业特色，这是经济可持续发展的基础；每个小镇都有绿色发展理念和创新，这是建设可持续发展的基础。“一个小镇两个基础”共同保障小镇全寿命周期内都能实现良性成长，健康是对我们最珍贵的回馈。

（四）实施保障

1. 将绿色生态社区规划纳入城市控规编制体系中

为了确保顺利推进特色小镇绿色生态社区规划，有必要将社区规划纳入现行的法定规划编制和审批体系之中，以确保其在未来的发展中得到充分的重视和建设。将绿色建筑的要求融入城市土地利用规划的控规中，将生态控制性指标和地块导则作为土地出让文件的重要组成部分，这样才会在建设过程中严格遵守、严格执行。

2. 制定鼓励绿色生态社区和绿色建筑发展的相关政策

为了确保特色小镇的顺利建设，可以制定和发布具有针对性的规章文件，包括但不限于“技术导则”“行动方案”“管理办法”和“审查指南”等。优化行政、设计、财政和运营等方面的激励措施，完善实施过程中的机制，并考虑采用灵活的实施策略，以确保小镇整体的健康发展。

参考文献

[1] 陈刚，杨国庆，叶小瑜. 中国体育小镇建设纲要［M］. 北京：人民体育出版社，2017.

[2] 丁亚兰. 我国体育特色小镇发展研究［M］. 长春：吉林人民出版社，2018.

[3] 陈光义. 大国小镇（中国特色小镇顶层设计与行动路径）［M］. 北京：中国财富出版社，2018.

[4] 陈建明. 特色小镇全程操盘及案例解析［M］. 北京：新华出版社，2018.

[5] 陈青松，任兵，王政. 特色小镇与 PPP 热点问题商业模式典型案例［M］. 北京：中国市场出版社，2017.

[6] 陈青松. 特色小镇实操指南：策划要点运营实务落地案例［M］. 北京：中国市场出版社，2018.

[7] 陈炎兵，姚永玲. 特色小镇：中国城镇化创新之路［M］. 北京：中国致公出版社，2017.

[8] 邓爱民. 旅游特色小镇开发与运营管理［M］. 北京：中国旅游出版社，2017.

[9] 智虹霓. 体育特色小镇的建设与发展研究［M］. 长春：吉林大学出版社，2018.

[10] 周丽云. 体育特色小镇建设［M］. 哈尔滨：黑龙江人民出版社，2019.

[11] 蒋清，敬艳. 全域旅游视域下体育特色小镇的开发［J］. 开放导报，2017（05）：92-95.

[12] 胡昌领. 体育特色小镇的功能定位、建设理念与精准治理研究［J］. 体育与科学，2018，39（03）：69-74.

[13] 田学礼，赵修涵. 体育特色小镇发展水平评价指标体系研究［J］. 成

都体育学院学报，2018，44（03）：45-52

［14］郭琴. 体育特色小镇建设二元模式的路径探索［J］. 体育与科学，2018，39（02）：89-94.

［15］白惠丰，孟春雷. 新常态背景下运动休闲特色小镇创建问题及路径研究［J］. 体育文化导刊，2018（03）：87-91.

［16］张月蕾，张宝雷，杜辉，徐成立. “健康中国”背景下体育特色小镇创建路径研究［J］. 哈尔滨体育学院学报，2018，36（01）：41-45.

［17］刘灏，张宏杰. 新型城镇化视域下运动休闲特色小镇建设机制及路径研究［J］. 南京体育学院学报（社会科学版），2017，31（04）：14-17+27.

［18］范斌. 基于根植性理论视角下的我国体育特色小镇建设机制研究［J］. 体育与科学，2018，39（01）：84-89.

［19］王志文，沈克印. 产业融合视角下运动休闲特色小镇建设研究［J］. 体育文化导刊，2018（01）：77-81.

［20］张雷. 运动休闲特色小镇：概念、类型与发展路径［J］. 体育科学，2018，38（01）：18-26+41.

［21］张嘉益. 乡村振兴战略背景下河南省体育特色小镇发展路径研究［D］. 济南：山东大学，2020.

［22］林东灵. 北京国际足球小镇发展现状及对策研究［D］. 北京：北京体育大学，2019.

［23］汪朝阳. 江苏仪征体育小镇建设的问题及对策研究［D］. 芜湖：安徽工程大学，2019.

［24］肖燕. 探究我国运动休闲特色小镇产业建设［D］. 北京：北京体育大学，2019.

［25］吴炫桦. 河南省体育特色小镇建设路径研究［D］. 开封：河南大学，2019.

［26］吴桐. 辽宁省运动休闲特色小镇发展路径研究［D］. 大连：大连理工大学，2019.

［27］李玥琪. 吉林万科松花湖冰雪小镇发展现状研究［D］. 哈尔滨：哈尔滨体育学院，2019.

［28］高雪婷. 山东省运动休闲特色小镇的发展现状及对策研究［D］. 曲阜：曲阜师范大学，2018.

［29］杨毅然. 中国体育特色小镇建设的实践探索研究［D］. 武汉：武汉体育学院，2018.

［30］杨帆. 商洛市柞水县营盘镇运动休闲特色小镇的业态研究［D］. 西安：西安体育学院，2018.